# 爝火不息

高雄慈濟志工行經之路

慧炬引路

張晶玫 等——著

# 推薦序——典範傳承

文◎何日生

二〇一一年的某一天，我向證嚴上人報告弟子對於慈濟宗門的組織規劃與傳承的議題。當我談到慈濟組織制度的永續看法時，上人很親切與語重心長地跟我說，「這些都可以討論，也可以規劃進行，但是最重要的是，你要把典範留下來，典範最重要。」上人所說的典範，就是人格的典範。眾多慈濟人實踐佛法，力行慈濟菩薩道的身行典範完整地保留，那才是傳承，才是慈濟宗門永續發展的力量。

這是催生子藏的理念與源頭。上人要我們留下典範，記錄典範，傳承典範，讓慈濟的理念與實踐，透過典範，傳遞到世界，傳遞到世世代代。慈濟典範從上人開始，由一生百，由百生千、萬，如是輾轉，乃至無量。

為何典範比制度重要？因為制度與時俱進，因時、因地、因時代條件而改變，但是典範卻穿越時空，將理念、智慧與修為具體地傳承延續下去。

佛陀時代的僧團組織比起今天的各種組織的概念，是相對地、非常鬆散的。佛陀與弟子們到處雲遊、說法，他們所到之處，或睡樹下，或臥山洞，或居住大宅，如給孤獨長者為佛陀準備的給孤獨園，僧團不執著，不貪逸；僧團雖有嚴格的戒律，但是他們沒有任何階層組織，一切以戒為制度。佛教傳到中國，傳到日本，傳到南亞，都發展出不同的組織型態，但是佛陀與其弟子的身行典範是不變的，是永恆的，是所有佛弟子皈依的永恆基準。

依《阿含經》的記載：阿難有一次從外面打水回來，要為佛陀沐浴。他一回來，就看到即將八十歲的佛陀身體很不舒服，阿難感受到佛陀年紀漸長，恐不久後將會入滅。阿難在佛陀稍事歇息後，請示佛陀，他問佛陀說：「有朝一日，您行將入滅，在這之前，您有沒有要對僧團交代什麼？僧團該由誰來領導呢？」佛陀回答阿難說：「我過去四十多年，將我的法很平等地、毫不保留地跟你們每一位弟子分享。你們當中如果有誰認為自己可以領導僧團，應該由他來跟你們說，我不過是一個即將入滅的老人，我要跟你們說什麼呢？」

佛陀不立接班人，因為每一個弟子都是接班人，每一個弟子都要傳承典範。佛陀所關注的不是一個組織的傳承，而是對於他的法的傳承；接班人是對組織而說的，法的接班不是一人，而是每一個佛弟子。

這就是牛津大學佛學中心創辦人龔布齊教授（Richard Gombrich）所説的，證嚴上人如同佛陀，不立所謂的接班人，因為人人都是法的傳承者。

佛陀入滅後，阿難向東傳法，優波離與大迦葉尊者向西傳戒律。佛陀入滅後，除了界內有大迦葉尊者與阿難等五百比丘結集經典，界外還有阿若憍陳如等弟子，集合一萬多人結集經典。包括須菩提、富樓那、阿若憍陳如，以及阿難等眾多弟子，都各自地將佛法傳到世界各地，他們都是典範的傳遞者、佛法的傳播者。

佛法的傳播依靠的不是一個制度，而是「法」；而「法」的傳遞是「人」，是經由實踐所塑造的「人格典範」，所謂「人能弘道，非道弘人」，這就是為什麼上人認為典範傳承是最重要的使命。

基督教是全世界最重要的宗教之一，耶穌傳道三年就殉道了。基督的福音是由他的十二個門徒，以及後來的使徒保羅，將基督福音傳承下去。耶穌當時沒有任何的組織體制，有的是他的思想與慈悲——即福音。基督教能傳承兩千年，依靠的還是法；組織是法的載體，載體與時改變，但法是永恆不變的。基督使徒是典範的傳承者，如同佛陀的眾多弟子傳遞佛法至全世界一般。

慈濟宗的千秋百世，制度當然重要，但是法更重要；法必須由上人的弟子們依教奉行，身行典範地傳遞下去。

慈濟宗門之子藏，由慈濟人文真善美志工以虔誠的心，孜孜不倦地記錄慈濟人的身行典範，期使能夠傳遞典範，永續典範，這是奠定慈濟宗千秋百世基業歷史性的一步。如今第一冊結集出版，只是翻開永恆典範的第一頁。慈濟人文真善美志工與同仁，將持續地努力，將慈濟人力行上人思想，力行佛法的典範詳實地記錄、傳承，以期能記載上人之佛法萬行於萬一，記錄慈濟千萬菩薩之足跡於萬一，惟仍有不足之處，還望諸先進、菩薩，給予更多的關懷與指導。

# 前言——用愛點亮暗角

轟然一聲巨響，腥紅烈焰衝天……

二〇一四年的夏夜，高雄發生了石化氣爆，那一夜，災民驚惶逃難，救難人員往火場裡奔，慈濟志工守在警戒線外不曾離去，做著一切可以做的事；當令人不安的氣味散去，日子看似回到常軌，慈濟人依然守著這片受傷的土地，以及暗自垂淚的鄉親。

這樣的場景，熟悉得令人心疼，二〇〇九年的莫拉克風災、一九九七年的鎮興橋氣爆、一九九四年的岡山水災……

每一場苦難，都有慈濟人奔走守護的身影；而平安的尋常日子，這群志工各自回到士農工商，勤懇生活，巷弄裡的弱勢、荒僻山區的老病，也全都是他們的家人，一樣日日夜夜顧守。

災難發生，他們即時馳援；呵護地球，他們勤做環保；人心失調，他們虔誠祈禱；老齡社會，他們健檢衛教……是什麼樣的心靈力量，讓這群志工自不量力卻又不悔不倦？又是什麼樣的組織訓練，讓援助關懷慰貼人心且長長久久？

他們或許並不知曉答案，面對困難及質疑時，也會沮喪，但是他們也永遠都會擦去眼淚、抖落塵埃，繼續為「別人」更好的生活而努力付出。

本書藉由九位高雄區慈濟志工的故事，勾勒出慈濟志業和社會發展的交會脈動，以及高雄慈濟人守護社區的關鍵轉折和動人的足跡，當然還有他們背後那無私奉獻的善良光輝。

證嚴上人的法是他們人生光明的指標，一如慧炬引路般，他們高擎著慧炬行在菩薩道上，希望手上的點點爝火能為周遭的苦難人帶來一絲溫暖；他們點亮了火光，真實地照亮了一方土地，同時引領後繼者持續走在這條明路上。

# 目錄

## 寧願燒盡　不悔



## 燈燈相續　無盡

# 暗室微光

# 引暖

渡河——郭麗永

指望——洪宏典

催苗——朱妍綸

一九九八年八月六日，岡山鎮嘉興里因颱風引發嚴重水患，花蓮靜思精舍師父代表證嚴上人帶來關懷；高雄訪視組長郭麗永向德如師父報告災情，並將協助受災戶清掃，及援建受損房屋。（圖片提供：郭麗永）

# 渡河——郭麗永的故事

文◎葉灑瀛

## 【郭麗永小檔案】

一九四八年出生，家住臺南縣六甲鄉(今臺南市六甲區)，是家中長女，上有一兄，下有四妹一弟。父親以開中藥行維持一家生計，經濟雖不甚寬裕，仍然樂善好施，而郭麗永自小即隨阿嬤親近佛寺，也有一副樂於助人的柔軟心腸。一九八九年認識慈濟，認同證嚴上人理念，在父親的支持下，投入志工行列。一九九四年承擔高雄地區第一任訪視組組長，在面臨隨之而來的幾次重大災難中，沒有經驗的她憑著毅力「做就對了」，逐步累積賑災的運作流程，奠定了高雄慈善工作的基礎。而女兒的一場病，卻也牽起她深入諮商訪視領域的因緣，這些親身走過的生命苦厄都成了她助人的資糧，也成為慈濟在社區中關懷個案的最佳教材。郭麗永協助女兒擺脫桎梏，更在社區中扮演著「船師」的角色，在漩渦激流中，助人擺渡過生命之河。

眼前這條河流雖然看起來不至於水深及膝，但因為地形落差大，河床底下又滿布大小石頭，流水衝擊著石塊，濺起了陣陣水花，「嘩啦——嘩啦——」的水流聲充斥著整個河谷間，望著湍急的河面，郭麗永遍尋不著可以跨足渡河之道，正茫然失措不知如何是好時，突然耳邊傳來一陣細微的呼喚聲：

「妳那邊過不去，要從這裡過來。」那聲音輕輕柔柔，卻是簡潔有力，從右側邊一箭之地遠的河對岸傳了過來；說話的是一位身著灰色僧衣的法師，背著光，揮手向她招呼著。

燦爛春陽自樹梢葉縫中直射過來，郭麗永瞇起了雙眼……

## 心嚮往的地方

「唰——」的一聲，刺眼的日光自窗縫中倏地溜走。「かく

（日文：郭），窗簾拉起來喔！比較不會那麼亮。」郭麗永抬頭微微地回應了一下，目光再度落回一疊疊等待裁示的文件上。每天重複這樣的工作，讓她愈覺得索然無味，找不到人生的重心，而室內因為光線的變化令她一時無法適應，索性起身動一動，順便再去倒一杯茶來提提神。

櫃上三份報紙依序平躺著，她隨手一抓，是《中央日報》，平常工作忙碌，她看報的習慣是大字一閃即過，翻呀翻……副刊一行斗大的標題——「萬頃福田萬人耕 證嚴法師的慈濟世界」吸引了她的注意力，下面一張法師的黑白照片躍然於版面上。「這師父看來真令人歡喜，那雙眼神像極了觀世音菩薩。」她想著，而一旁那幅慈濟靜思精舍的照片中，大殿前四根質樸的圓柱，突然讓她想起了阿嬤……

廟裡一片靜謐，午後的日光斜斜地攀移著廟門前的圓柱。三歲的郭麗永坐在阿嬤身旁喃喃地跟著唸誦觀世音菩薩聖號，稚嫩的她抵擋不住陣陣的瞌睡。突然間，她感到阿嬤的大手把她擁進懷中，她睡眼矇矓地說：「阿

高雄靜思書軒小志工經藏演繹，以行孝為經，以行善為緯，將《無量義經》融入生活中。（前排右起）林景猷、郭麗永、林金貴手捧蓮花心燈，帶領大眾虔誠祈福。（攝影：劉鳳娥）

嬤，我晚上會怕暗。」

「害怕，就唸『觀世音菩薩』！」郭麗永一直記得阿嬤沉穩的聲調及那閃閃發光的圓柱。

那莫名的悸動，驅使郭麗永仔細地閱讀著報紙上的每一字、每一句，不覺心中起了陣陣漣漪，臉上盡是疑惑：「『慈濟』到底是一個怎樣的團體？法師自己的生活都那麼苦了，還要去幫助別人？」她抿了一下嘴唇，在將報紙摺好放回櫃上的當下，她決定要親自到花蓮看一看。

郭麗永特地選了農曆四月八日——浴佛節，從高雄小港搭飛機，來到花蓮拜訪「靜思精舍」。依著楓林導引，右彎前行約三百公尺，進入了園區，映入眼簾的是一座造型典雅、樸素莊嚴的大殿，灰色調系的屋瓦、白色牆面，後方襯著高聳巍峨的中央山脈，藍天白雲悠悠，周遭一片寧靜，精舍彷佛與天地合而為一。她深深地呼吸，感覺胸口逐漸地舒緩開來。

郭麗永漫步園區享受這分難得的寧靜。就在廊道轉角處，忽遇一位法師，一身灰袍隨風飄動，腳步輕移款款走來，她被那仙風道骨的儀態懾服，「這一定就是證嚴法師！」她趕緊雙手合十問候：「阿彌陀佛！」

「妳從哪裡來的？」法師問。

「高雄，我看報紙來的。」郭麗永老實地回答著。

證嚴法師點頭微笑，左手向遠處一指：「妳可以到處走走看看，多了解。」

法師的手這麼一揮，郭麗永突然覺得像被電了一下，自頭一路麻到腳底，直到法師走遠看不見身影了，她仍然呆若木雞，腳像被定住了一般，她腦海裡閃過一個畫面，那身形、那音調與河對岸的法師怎麼那麼相似？難道那天夢境中的，就是證嚴法師？因緣真是不可思議啊！郭麗永為此雀躍不已。

精舍旁綠樹間，幾隻興奮的痲雀在枝枒上躍過來、蹦過去，嫩綠的草坪上嵌上一條蜿蜒平坦的石板路，莊嚴幽靜猶如一股清泉注入心田，她想如果能來這裡修行，該有多好！

繞過了菜園，遠遠地就看到頭戴斗笠的師父們，在大太陽底下彎腰掘土種菜；來到了庭院，師父們則是蹲在水泥地上曬著豆子；進入工作間，師父們忙碌地做蠟燭……沒有一人是閒著。慈濟靜思精舍的師父們不接受供養，每個人辛苦工作，竭盡所有的力量要幫助窮苦的人。郭麗永耳邊響起父親平常的叮嚀：「人要多做善事，人家有困難，就要幫忙。」悄悄地，她在心裡下了一個決定。

小時候家中人口多，僅靠父親開中藥行幫人把脈維生，生活並不富裕，但還是經常看到父親給藥不收錢，照顧孤苦生病的人。從花蓮回家後，郭麗永成為慈濟功德會會員，她知道只要多邀一個會員，就可以讓師父多幫助一個艱苦人；她開始逢人就介紹慈濟、逢人就「說慈濟」，她的開場白總是：「有一位師父很偉大，他一日不做，一日不食，你若要了解慈濟，我可以到你家說明……」

假日，她邀請親朋好友、鄰居、同事到花蓮靜思精舍實地去看一看。這一天，隨著常住師父繞行參訪精舍一周後的父親，並未顯露出倦意，只是耳鬢邊幾根銀白髮絲上幾滴汗珠透著晶亮的光，郭麗永遞上一杯師父泡的決明子茶：「爸，喝茶。」父親接過手啜了幾口，點點頭說：「嗯！證嚴法師很偉大，妳要出來當慈濟的『委員』幫他。」父親的這句鼓勵，讓郭麗永更加確定那時自己心中悄悄的決定沒有錯。

**承擔吧！**

晚上，郭麗永簡單吃過飯，塞了一疊《慈濟世界的緣起與展望》的小手冊放入提袋就準備出門，她向一旁坐著看電視的先生洪峰明說：「我去找會員喔！」在小港機場上班的洪峰明，其實才剛回到家裡，還沒跟她說上話，這一出去也不曉得幾點才回來，按捺許久的情緒再也藏不住，沒好氣地回了句：「妳可不可以不要那麼忙？」「每天這樣跑來跑去的，也不曉得在忙什麼？」「妳若超過晚上十點還沒回來，我會把鐵門拉下來鎖門。」洪峰明連珠炮似地嘮叨個不停。

郭麗永不想因為這樣與他起衝突，深吸了口氣，囁嚅地說：「好啦！我會早點回來。」然後照跑她的行程。

深藍色的夜，在一盞盞光彩亮眼的霓虹燈退場後，如潑上一層墨般，漆黑一片，但一趟出

左營眷村發生火災，郭麗永知情後還來不及換上制服，便即時前往村里辦公室進行發放慰問金。（圖片提供：郭麗永）

門，總希望把同路線的會員一併拜訪完，郭麗永看著腕上手錶，她的心跟著愈跳愈快，趕緊撥了電話給大女兒：「嘉雯，去看看爸爸有沒有把鐵門閂起來，有，就打開，我等一下就回去了。」

洪峰明是脾氣大，嗓門高了些，其實看到太太自從開始「說慈濟」、「做慈濟」後，臉上露出的光芒是以往不曾見的，所以縱使心疼也只是說說，因為當郭麗永忙不過來時，他仍然會幫忙收善款。

隔年，一九九〇年七月，郭麗永正式受證成為「慈濟委員」，法號「慈路」；她撫摸著委員證上的這兩個字，心裡想：「是上人要我走一條慈悲的道路。」四十五歲那年（一九九三年）公司結束營業，郭麗永從職場退休下來，全心全意做慈濟。

一九九〇年的臺灣，在政治、經濟及民生上有了很大的變化，經濟震盪，貧富之間的差距愈來愈大，導致社會問題層出不窮；一九九三年慈濟成立各種「功能組」，以因應愈來愈多元化的援助項目，其中的「訪視組」尤為重要，它是慈濟慈善工作的基礎，臺灣全省「訪視組」的

郭麗永首次探訪照顧戶羅先生。還未進門，遠遠地就聞到一陣陣異味；晦暗的光線下，羅先生抱著一件又黑又舊且沒有被套的棉被，蜷縮在破舊的藤椅上。（攝影：陳世文）

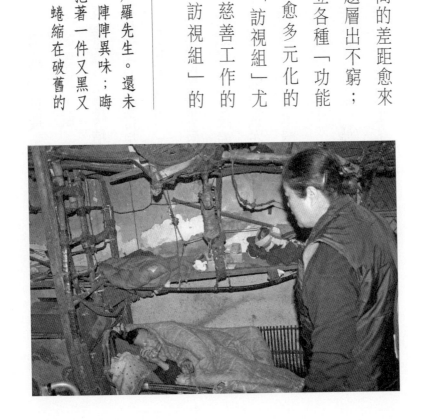

成立，代表屬於慈濟特有的「直接、重點、務實」訪視脈絡及方法，已然建立。

南臺灣的二月，庭院裡一株株植栽常年翠綠著，圍牆邊覆被在韓國草上的紫花酢醬草，已嗅得早春，紛紛綻放出粉紫色的小花，展現一九九四年的新春氣息。

慈濟屏東分會的佛堂裡聚滿了來自高雄區的慈濟委員，他們個個端坐在蒲團上，引頸等待著證嚴上人宣布各功能組的組長人選，當輪到「訪視組」時，上人宣布：「訪視組組長，郭麗永；副組長，黃瑞貞、謝採娥。」本來盤腿久坐，腰桿逐漸鬆垮下來的郭麗永，震驚得差點跳了起來，心中不免膽顫：「要我當組長？我什麼都不懂，黃瑞貞是誰？謝採娥又是誰？」郭麗永感覺到四周所有的眼光都朝她注視過來，一陣暈熱直衝腦門，她無助地仰望著上人，梗在喉間的一句——「我不會！」卻在聽著上人因為感冒而略帶鼻音的話語中，硬是嚥了嚥口水吞下去。

她想到之前到花蓮參加「慈濟全省聯誼會」的時候，上人的手臂上還插著注射點滴的置留針，一顛一跛地爬上階梯，步上講臺為弟子們開示，弟子個個心疼掉下眼淚的景象猶歷歷在目……她深深地吸了口氣、握緊拳頭告訴自己：「承擔吧！」

只是才一跨出會場，冷不防地約有十來位志工，接續拍了拍她的肩膀，異口同聲地說：「妳這『擔』很大『擔』喔！」（擔：臺語，責任之意。）本來還很篤定的郭麗永，一下子信心全崩垮，這時才驚覺事態嚴重，一顆心懸在半空中七上八下，回到家裡趕緊詢問洪峰明的意見。

「師父宣布我做訪視組組長，人家說這擔很大擔，我會怕，你看我是不是要承擔？」

「我問妳，這工作是妳向師父要的，還是師父派妳做的？」

「我怎會去要？是師父叫我做的。」

「那如果是師父叫妳做的，妳就要認真去做啊！」

洪峰明說得輕鬆，目的也是要鼓勵她，有上人的肯定就別擔

高雄美濃豪雨水災救援，郭麗永（右二）和慈濟志工挨家挨戶訪視受災居民。（攝影：李黎鐘）

心，但他知道老婆此後必定會更加忙碌，如今他能做的，除了支持，還是支持。

但是郭麗永的憂慮仍然沒有消除，承接了高雄區第一任訪視組組長，她感覺到肩頭上的擔子，有如千斤般重，連著幾天吃不下飯，也睡不好覺，滿腦子亂得毫無章法，如同打散了的毛球似地找不到線頭。

清晨四點，她已輕手輕腳地下樓，依循多年來的習慣進入佛堂禮佛誦經，早課後的靜坐時刻，惴惴不安的心載浮載沉，無法平穩下來，緊閉的雙眼噙不住悄悄滑落的淚水，她想起了小時候阿嬤的那句話：「害怕，就唸『觀世音菩薩』！」她望著面前的「觀世音菩薩」，雙手合十虔誠祈求：「『觀世音菩薩』！請賜給我力量。」清晨的陽光不知何時已自門縫中鑽射了進來，「觀世音菩薩」嘴角微揚，彷彿告訴她：「別怕。」她揚起頭擦乾眼淚，轉身推開大門，迎向陽光。

只是，才剛承擔，考驗就來。

## 新手上路不畏難

郭麗永帶著兩位副組長，三人負責高雄區關懷個案的分區、分案、發件、收件；月底將屆，她正焦急地等著黃瑞貞、謝採娥將個案紀錄本收回整理，一通急促的電話響起：「郭師姊，編號〇〇〇，案主〇〇〇那一件個案紀錄我已經向當區組長催過三、四次了，組長跟我說今天可以來拿，結果我來到她家門口，卻沒看到人影，明明是故意刁難我。」她可以想像聽筒那一端黃瑞貞臉紅脖子粗的樣子。

其實，郭麗永很清楚，因為「訪視組」的成立，新組長的介入，讓原本像「小家庭」似的各區志工組織，必須打破久已形成的默契，接受不一樣的運作模式，更必須適應對他們而言是完全陌生的訪視組組長、副組長，只要一個微小訊息的溝通不良，或是一個微妙語氣的錯誤理解，都會變成了磨合期間的重重困難。

雖然這讓郭麗永、黃瑞貞、謝採娥三人有著被誤解、被刁難的委屈，但是想到上人常說他是一部破牛車在爬坡，希望大家推一下……郭麗永就覺得自己更應該謙卑：「沒關係，我們多跑幾趟，最終師兄師姊會知道我們是真正有在做事的。」

儘管委屈，哭一哭之後，還是要繼續「做慈濟」。

夜幕低垂，掛鐘上的時針又跑了一大圈，再次從零開始，喧鬧的鳳山五甲路上幾盞昏黃的路燈守著夜，而郭麗永家鐵門內卻光亮通明，因為三人仍繼續整理個案資料。

洪峰明下了樓，看看已是凌晨時分，他搖了搖頭說：「還沒做完？這麼晚了，師姊，有沒有打電話回去說啊？」這時黃瑞貞才猛地回神：「慘了！我還沒打電話回家說要慢點回去。」想讓大家舒緩一下氣氛吧！洪峰明調侃了一句：「妳到現在才想到要說，當人家太太的到現在還沒回家，師姊若是做『委員』，那師

二〇〇五年海棠颱風造成高雄縣市鄉鎮多處積水，郭麗永帶領慈濟志工來到六龜鄉中興村訪視關懷受災情形。（攝影：莊金陽）

一九九四年岡山水災，郭麗永（站立者）白天守在災區，隨時注意人力調配，晚上在慈濟志工涂茂興的家召開訪視會議，規劃隔天的勘災、慰訪、煮熱食、採購……等事宜。（圖片提供：郭麗永）

兄（指先生）就要做『委屈』囉！」他這番順口溜逗得大家笑聲響徹了微雨的黑夜。

但郭麗永卻沒想到她即將面對一場狂風驟雨的紮實考驗。一九九四年八月三日的凱特琳颱風、八月八日的道格颱風陸續來襲，加上艾利颱風外圍環流帶來的豪雨，造成岡山鎮嘉興里及潭底里嚴重水患，積水最深時超過二點五公尺以上，受災戶達一千八百戶。

慈濟訪視志工到災區勘災，平常綠意盎然的田地不見了；筆直的巷道不見了，黃褐混濁的泥流如同一片汪洋，放眼望去已分不清東南西北，只見水面上露出一根根半截的電線桿，較高的路樹也僅看得到稀稀落落的樹冠欉，幾棟低矮房舍幾乎要滅頂，而有樓房居住的災民，則只能往二、三樓躲，出不來也進不去，倚靠在窗邊，眼巴巴地等待救援。

警消人員駕著橡皮艇或竹筏，於水面上來回地巡察，船行經處漾起陣陣波濤，偶爾牽引漂來一些垃圾、家具，甚或是死豬、死雞，腐臭的味道令人陣陣作嘔。「怎麼雨會下成這個樣子？災難這麼大，要怎麼做起啊？」第一次面臨到這樣的災難，郭麗永心情沉重，眉頭如被千根線拉扯般緊縮了起來；四面八方湧入了來自各地的義工，擠滿了救災指揮中心，人員在未經組織分工下一片混亂，郭麗永強迫自己靜定思考慈濟在社區的編組模式，她立即決定每組支援的人數按需求再縮減五至六人，如此一來，要是有滿懷熱血自動前來幫忙的民眾，也可以加入慈濟的動員，讓他有付出的機會。

郭麗永白天守在災區，隨時注意哪裡缺人、缺物資，只要有缺就會馬上聯繫補足；只要哪一個環節混亂了，就想盡辦法調整。晚上還要召開訪視會議，規劃隔天的勘災、慰訪、煮熱食、採購……家中連著一個月都沒開伙，半夜回來倒頭就睡，清晨又出門，洪峰明忍不住抱怨了起來，他酸溜溜地說：「忙成這樣，我想跟妳說幾句話都沒時間。」「有『某』好像『沒某』！（某：臺語，太太之意。）」

「嘿，是你鼓勵我來做訪視的，所以我要連你的份一起做啊！」郭麗永慧黠地回應，這下子說得洪峰明啞口無言。

有了處理岡山水患的經驗，當一九九六年賀伯颱風造成高雄縣三民鄉（現高雄市那瑪夏區）交通中斷，居民面臨斷糧窘境時，高雄區慈濟志工很快地掌握到了災民的需求，給予最即時直接的協助，而證嚴上人也在此時提出了「志工社區化」的概念；隔年三月，慈濟志工的組織模式重新分區編制，各地志工落實回歸自己居住的社區，訪視組也因此增設社區個案負責人，落實社區運作，當社工接到個案提報後，便可直接分案給各社區負責人；若是社區發生急難事件，則由社區負責人傳遞訊息與聯絡。

慈濟志工組織才剛落實社區，一九九七年九月十三日，高雄市前鎮區便發生了「鎮興橋」液化石油氣爆；熊熊火焰燃燒，鎮興路與鎮洋路口，路面炸開，陷入一片火海，連救難的消防車都被突如其來的大爆炸給炸翻，倒在整個裂縫火海中，造成多名消防員嚴重灼傷、兩人殉職。一整天，緊鄰前鎮區的五甲地區，從一早持續不斷地聽到消防、救護車嗚笛呼嘯而過的聲音，郭麗永皺起眉頭，心也揪了起來，前鎮區個案訪視負責人何美月很快地撥來電話報告現況。

前鎮當地社區志工馬上聚集到現場，提供救難人員食物補給及後勤協助，訪視組則很快地與社區委員結合，彙整資料給社工回報慈濟花蓮本會，並進行挨家挨戶勘災、慰訪，另一批志工則趕赴醫院探視、關懷傷者，或為往生者助念。

「慈濟人跑得都比我們快，怎會那麼快得到消息？」消防員禁不住問。

「聽到『喔咿——喔咿——』就會去注意，看消防車往哪個方向去，就打電話問警察局……」郭麗永一臉老實地回答。

志工「落實社區」的效能，在「鎮興橋氣爆事件」中發揮了迅速動員的力量，為往後高雄區的慈善訪視運作流程奠定了基礎。

在郭麗永接任訪視組長初期三、四年間，災難接連著發生，看到別人的苦難，伸手拉人一把時，沒有人知道她也正在承受著一段刻骨銘心的煎熬。

## 生命之河起波濤

剛忙完岡山水患賑災那年冬天……「砰——砰——」樓上突然發出了巨大聲響，伴隨而來還有歇斯底里的嘶吼哭喊聲：「啊——我為什麼那麼沒用？」「為什麼我事情都做不好？」「我不要讀書了，我不要去學校了！」

一九九六年一月，高雄左營合群眷村發生火災，郭麗永於災後慰問受災戶，並致贈慰問金，受災的老人家在慰問金領據上蓋章。（圖片提供：郭麗永）

大女兒嘉霙不斷地揮舞雙手搥打在門板上，整個人就像發了瘋似地往牆上猛撞。

郭麗永三步併兩步衝了上樓，奮力抱緊那失了理智的寶貝女兒，急切地安撫著……嘉霙無來由地情緒大失控，發作起來不是撞牆，就是用美工刀割腕，再不就是跑到四樓樓頂揚言跳樓。看著她原本清秀的臉龐，散亂的髮絲與淚水交疊已成了花臉，郭麗永輕輕地撫拭著她額頭上的紅腫，一顆心好像被漩渦一直吸一直吸，吸至了深淵。

夜已深，女兒仍然有一堆的「為什麼」如洪流般淹漫過來，而郭麗永的腦子就像有許多尖銳的石塊一個個砸了過來，頭痛欲裂，她不知如何帶女兒安然跨越這河阻，感到相當心疼與自責，只能跪求觀世音菩薩：「南無觀世音菩薩、大慈大悲觀世音菩薩、救苦救難觀世音菩薩，我女兒這個樣子，祢要保佑她平順一點。」

嘉霙自小聰明乖巧，一直是資優班學生，又如願考上高雄師範大學，從不需父母特別操心，如今才上了一個學期的課，「為

一九九六年一月，高雄左營合群眷村發生火災，郭麗永（中）和訪視小組前往發放慰問金，並於解說慰問金額度依房屋全毀、半毀、部分毀損而有所不同。（圖片提供：郭麗永）

什麼會變成這樣？」郭麗永心裡納悶著。三月，她幫女兒辦理了休學，陪伴到八〇二國軍高雄總醫院就診，看著醫師一字一句輕柔的言語，總能快速地安撫女兒的情緒，讓她傾吐心事，郭麗永好希望自己也能有這樣的能力，她想：「如果自己能增加心理諮商及溝通能力，平常也可以協助女兒啊！」

她恨不得醫師能把所有的技巧一下子全教給她，郭麗永以近乎祈求的語氣說：「醫師，要用什麼方法可以讓她願意把心裡話講出來？」「如果遇到她發作了，我要怎樣安撫她？」「和她講話必須注意些什麼嗎？」……

「我看妳這麼有興趣，醫院剛好有研習課程，我來爭取讓妳旁聽好了。」精神科龍佛衛主任被她的真誠感動，破例讓她參加。

「不過，妳要參與院內實習，當義工輔導院內病患。」龍佛衛開了條件。

郭麗永開始在上課、實習、陪伴、慈濟事中忙碌著，四個月的研習課程結束，接著高雄市立凱旋醫院、臺南成大醫院也有相關的課程研習，再加上臨床實習，她愈學愈有興趣，愈學愈有心得；然而光是自己會了還不夠，身為組長的她覺得「慈善訪視」是每位慈濟志工都要參與的分內事，如果社區志工都能對心理疾病、訪視溝通技巧多一些了解，在往後個案的訪視、評估、輔導上將會有很大的助益……她腦海裡開始盤算著要如何增強志工的訪視能力。

郭麗永原本總是依賴由慈濟本會帶領訪視共修課程，女兒的一場病彷彿是個殊勝的因緣，她決定為高雄區的訪視志工量身打造一連串的實務研習課程。

慈濟高雄九如分會裡，穿著藍色制服的慈濟志工一批接著一批，趕在研習課程開始前於四樓佛堂就座完畢；會場內的志工一個緊挨著一個盤坐在蒲團上，仰著頭專注地看著講臺上展開的戲劇劇情：

一位白髮皤皤的老人家佝僂著身軀，半癱地在座椅上低聲泣吟……

一九九六年八月六日賀伯颱風造成高雄縣三民鄉（現高雄市那瑪夏區）交通中斷，居民面臨斷糧窘境時，高雄區慈濟志工由訪視組郭麗永（中）帶隊勘災，來到市府民政課詢問災情，以期快速掌握災民的需求，給予最即時直接的協助。（圖片提供：郭麗永）

一九九六年八月六日賀伯颱風造成高雄縣三民鄉路基流失，對外交通中斷，慈濟志工前往勘災，聆聽當地人士敘述災情，作為賑災依據。（右三為郭麗永）（圖片提供：郭麗永）

「叩、叩、叩！」一位志工抬起手在空中做敲門動作的同時發出聲音，隨即說：「阿嬤您好，我們是慈濟志工，我們來看您。」……

坐在司儀臺旁的郭麗永，一邊看著臺上的演出，一邊快速地記錄劇情，要作為等一下「大家來找碴」的題目，這些都是訪視志工們平常容易犯下的錯誤，以演練的方式可以讓大家增加印象而

---

身為組長的郭麗永覺得「慈善訪視」是每位慈濟志工都要參與的分內事，她總是安排一些課程希望增強志工的訪視能力。

一九九五年九月二十三日於高雄市九如二路慈濟高雄分會舉辦訪視研習，郭麗永(右二)請到臺北訪視組長賴美智(右一)前來經驗分享與交流。(圖片提供：郭麗永)

一九九五年九月二十三日，於高雄市九如二路高雄分會舉辦訪視研習，郭麗永（左二）進行課前的團康帶動。(圖片提供：郭麗永)

引以為戒，對於遠道或工作不便而無法參與共修研習的志工，郭麗永自己就多跑一些路，親自到各社區一站一站地分享、關懷。

## 守著社區守著你

高雄區的訪視研習課程，就在大家「土法煉鋼」下，一步一腳印地把珍貴的訪視經驗，一代代地傳承下去。女兒嘉雯在醫師的治療與自己的陪伴下漸漸穩定，郭麗永也因此累積很好的溝通能力；社區人事協調、精神個案陪伴輔導、訪視技巧，只要社區有需要，一通電話便可以尋求到幫助，同時她的住家也成了社區中可以訴說心事、排解紛爭的所在。

在機場工作的洪峰明，耳朵長期遭受巨大聲響震傷，一九九八年辦理退休，在前鎮區買了一棟房子，準備搬到新居享清福。好不容易等到某天晚上郭麗永沒出門，他提議：「麗永，五甲這邊車多比較吵雜，我們搬到新家那邊住。」

「不行啦！我一離開這裡，會員要找我就很麻煩，社區若有問題找我也很不方便，我看你自己過去好了……」郭麗永想都沒想，一下子就把這個建議否決

高雄第一例大體捐贈，捐大體的家屬(前)辦理捐贈手續，郭麗永在一旁陪伴。(圖片提供：郭麗永)

掉，洪峰明的美麗期待落空，臉上一陣紅一陣白，他不甘心地遊說了好幾天，最後還是拗不過太太的心意，自己搬到新家去了。

「師姊做『委員』，師兄做『委屈』。」洪峰明當年的戲語言猶在耳，郭麗永知道先生的委屈，更感念他一路的包容，但她怎麼也捨不得離開這位於鳳山五

一九九七年郭麗永應邀至高雄市婦幼館分享慈濟慈善志業。（圖片提供：郭麗永）

甲鬧區的老家，周邊商店林立，一到晚上沿途招牌、霓虹燈，紛紛以七彩絢麗之姿躍動成曼妙旋律，令人目不暇給；但這一棟四樓透天厝沒有招牌、沒有耀眼的燈光，顯得特別與眾不同，推開落地窗進門，即會看見佛陀與證嚴上人的法像高掛牆面，正中立著一尊木雕觀世音菩薩，莊嚴的氛圍總讓人有一股安定的感覺。

熾白亮眼的陽光逐漸褪下高溫姿態，一輪火紅夕陽，緩慢地隱沒在車水馬龍的五甲三路盡頭。林雪貞(化名)來按了門鈴，她是郭麗永的會員，一個五十來歲的婦人，臉上顯露的愁容卻壓垮了腰桿子，無精打采地拖著腳走進來，還拉了一個年約二十幾歲、長相清秀的女孩，那凌亂的頭髮、黑褐色的眼圈，看得出已許久未真正闔上眼……「師姊，我那個夭壽子婿，在外面交了女朋友，回來還動手打我女兒；我女兒已經好幾天吃不下、睡不著。」林雪貞氣急敗壞，嗓門拉高了好幾分貝，「我勸她想開點，自己身體要顧，講也不聽，罵也罵了……」一旁的女兒無動於衷，一臉茫然，面如槁灰。

郭麗永見狀不免嘆了口氣，右手攙扶著女孩坐下，左手則偷偷拽在身後連連左右揮動，示意林雪貞不要再說下去，看到林雪貞還想說些什麼，她開口說：「她已經心情不好了，別再指責她，不要去講負面的，找個時間帶她去看醫生。」然後挨身坐到女孩旁邊，輕輕地把她摟在懷裡，女孩身子一鬆軟，趴在郭麗永的肩上哭了……郭麗永靜靜地聽她說、聽她抱怨、聽她哭訴，給她依靠，就像當年安撫陪伴女兒一樣。

看著一個個愁著苦瓜臉進門的人兒，能夠敞開心胸，平復情緒地邁步離開，郭麗永儼如放下心中大石頭般，輕鬆了起來，尤其是那個壓在她心頭的大石——玥晴(大女兒嘉雯，後來改名)；折騰了十幾年，女兒走出陰霾，安居在花蓮，那時的驚濤駭浪，如今風平浪靜，女兒已安然渡河，而且也轉而掌舵成了度人苦難的諮商師，雖然花蓮與高雄距離遙遠，但只要孩子平安健康，有一個穩定的生活，郭麗永也就了無牽掛了。

「妳那邊過不去，要從這裡過來。」當年的那場夢境，冥冥之中早已注定——郭麗永跟著證嚴上人、跟著慈濟，渡過波濤洶湧的生命之河，走上了一條慈悲的道路，一路行來，近三十年的慈濟歲月，流水淙淙，交疊成清麗的旋律，郭麗永看似「度人」，卻也早已「自度」。

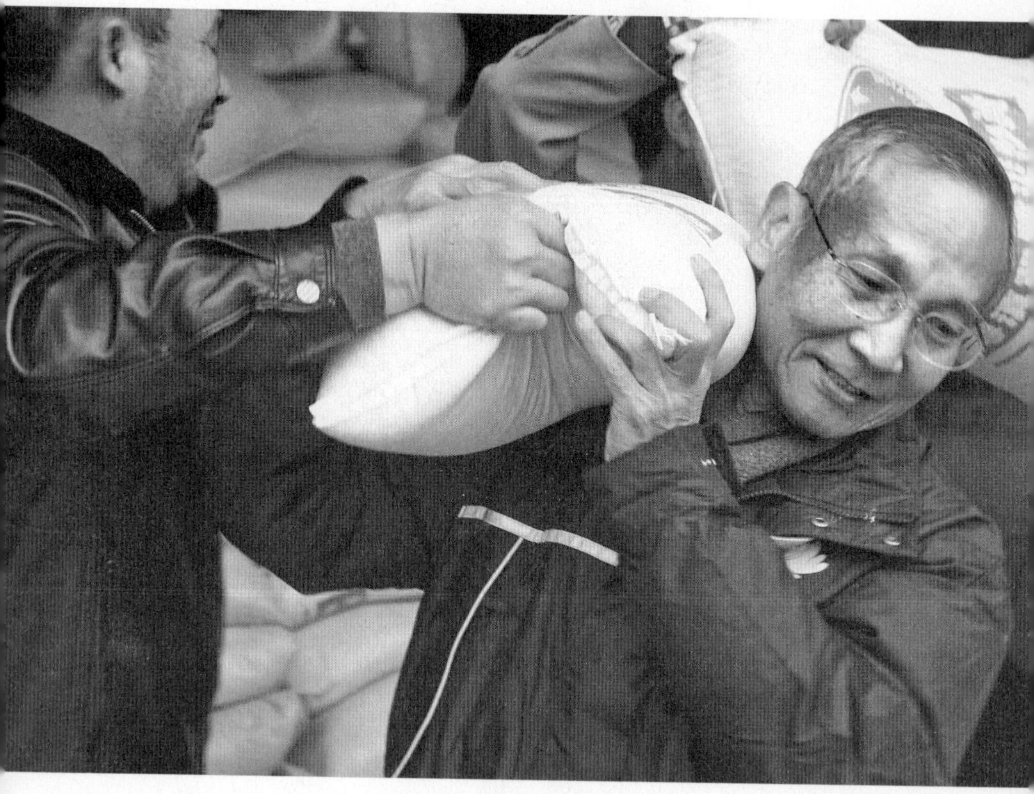

二〇〇八年一月二十九日洪宏典醫師參與貴州省羅甸發放義診；義診之前，洪宏典協助物資搬運。（攝影：李黎鐘）

# 指望——洪宏典的故事

文◎謝華美

## 【洪宏典小檔案】

一九四一年出生於彰化縣埔鹽鄉崑崙村的平凡農家，洪宏典為家中長子，為圓父親的願望放棄鍾愛的機械科系，報考中國醫藥學院就讀，畢業後成為一名外科醫生，也成為家鄉的驕傲。

一九七六年，三十五歲的洪宏典到日本奈良學習「斷指再接」技術，學成歸國後造福無數中南部斷指傷者，挽救許多人的一生。一九九九年九二一大地震後，滿腔熱血的他受邀參與慈濟人醫會的災區義診，從懷疑到信任，他加入了慈濟志工行列。

二〇〇一年承擔臺灣南區慈濟人醫會召集人，重新整合及擴編組織架構，帶領醫護志工走入社區宣導衛教、進行環保志工健檢，過程中他遭遇許多的瓶頸與不諒解，但仍堅持「聽上人的話」，並率先實施早期失智症篩檢與預防，其推動經驗已成為各社區學習的模範。

「哇——哇——」嬰兒哭聲，劃破寂靜的夜空……「是男的，是兒子啦！」產婆喜孜孜地大聲報喜，彷彿喊得愈大聲，就愈能得到豐厚的接生禮。

時值二次世界大戰，臺灣百姓生活貧苦，農家總希望能多添幾個壯丁幫忙耕作，彰化縣埔鹽鄉崑崙村的洪家也不例外，一九四一年的寒冷冬夜，他們迎接第二個孩子的誕生，取名洪宏典。

果真，青少年時期的洪宏典，除了上學，最常去的地方就是田裡了，鄰家養的狗「小黑」一看到他，總會先衝出來對著騎腳踏車的他狂吠，接著邊吠邊追逐，最後目送加足馬力逃走的背影遠離才作罷；怕狗的他，其實喜歡流連在父親為補貼家用而開設的腳踏車店。

## 阿爸的願望

修理腳踏車啟蒙了洪宏典對機械的著迷，大專聯考的志願只填了一個——「機械工程」，沒意外地考上臺北工專，殊不知到處被恭喜的父親，心裡卻嘀咕著：「當醫生比較好，怎麼想要做『黑手』？」入學兩個月後，父親一句：「中國醫藥學院在招生，你去考考看。」不甘不願的洪宏典，真的考上了父親指望的醫學院。

學醫既是宿命，內心的機械魂卻死守不離，他選了隸屬外科中的骨科，理由很簡單——骨頭很硬，出了問題要切、要鋸，總會用到機械吧！

暑假回家照例出門巡田前，看到將鼓鼓的內胎浸入水盆中找破洞的父親，抬起頭皺眉看著遠方，若有所思……他明白父親在思索：「該向哪位親友借錢來繳兒子的學費？」因為借錢註冊、秋收還債，這樣的戲碼在洪家上演已多年。隔天，洪宏典跑到輪胎工廠表明想當學徒，正缺人的老闆不疑有他就錄用了。三個月後，他學成輪胎再製技術，從此，父親的店裡來的不是腳踏

一九七六年春節過後，洪宏典第一次踏上日本，在奈良縣學習「斷指再接」技術，學成歸國造福無數南部斷指傷者。（圖片提供：洪宏典）

車，而是車未到聲音先到的鐵牛車，家裡的收入更是三級跳，就此終結借錢註冊的日子。

洪宏典以優異的成績順利從醫藥學院畢業後，南臺灣也發展成工業重鎮，許多行業開始大量引進機械取代人工，然而工安問題尚未同步重視，所以醫院每日幾乎都可見到斷指傷者，但是那時的醫治流程就只是將傷口縫合，成為醫生的他心想：「若能為這些患者接回斷指，於公於私都是好事一樁。」這一個念頭在心中一放，就是九年。

一九七六年春節過後，三十五歲的洪宏典第一次踏上日本的土地，來到古都奈良，雖然寒風刺骨卻止不住內心的澎湃，他與年長他七歲的同事楊庚申醫師兩人直奔目的地——「奈良縣立醫科大學」，抵達後看到的景象是被關在籠內數十隻的秋田狗對著他們狂吠，洪宏典瞬間想起了「小黑」，不由自主地倒退了一步……經過秋田狗的「歡迎儀式」後，兩人終於見到玉井進教授，日文流利的楊庚申帶著他行九十度禮，此行的目的就是要向

一九七六年八月七日洪宏典與楊庚申醫師，花了二十三個小時連袂成功完成南部首例六根手指斷指再接手術。隔日南區各大報，紛紛大篇幅報導，從此彰化以南各地斷指傷患大量湧入洪宏典服務的醫院。(圖片提供：洪宏典)

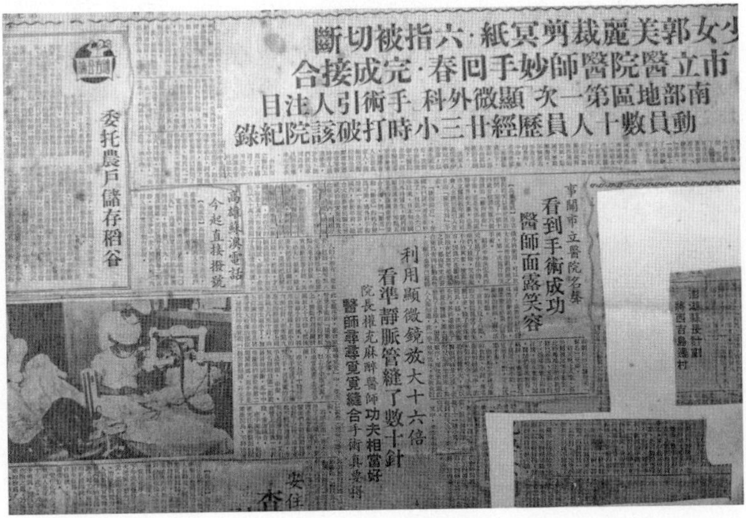
少女郭美麗裁剪冥紙·六指被切斷
市立醫院醫師妙手回春·完成接合
南部地區第一次「顯微外科」手術引人注目
動員數十人員歷經廿三小時打破該院紀錄

看到手術成功
醫師面露笑容

利用顯微鏡放大十六倍
看準靜脈管縫了數十針
院長推光麻醉醫師功夫相當好
醫師尋尋覓覓縫合手術真艱苦

委托農戶儲存稻谷

高雄旗山電話
今起直接撥號

眼前這位教授學習「斷指再接」技術。

在奈良的三個月中，他要與秋田狗朝夕相處，因為牠們將化身為「狗老師」；秋田狗的四肢組織與人的手指雷同，血管較粗的狗就是初學者最佳的模擬手術對象。隔日，心中尚留「小黑後遺症」的洪宏典，選了一隻看似乖巧的狗老師，套上嘴套、上了麻醉藥，在教授的指導下，劃下了第一刀，也邁出他行醫的另一個里程碑。

一九七八年洪宏典(右一)決定回到自己開業的醫院執業前，在原任職的醫院無私傳承斷指再接技術，親自指導後輩。(圖片提供：洪宏典)

洪宏典於一九七八年回到自己開業的醫院執業，許多斷指傷患聞風而來，「洪外科醫院」成為他們受傷之後重拾謀生能力的指望，他的精湛醫術也常被報導。(圖片提供：洪宏典)

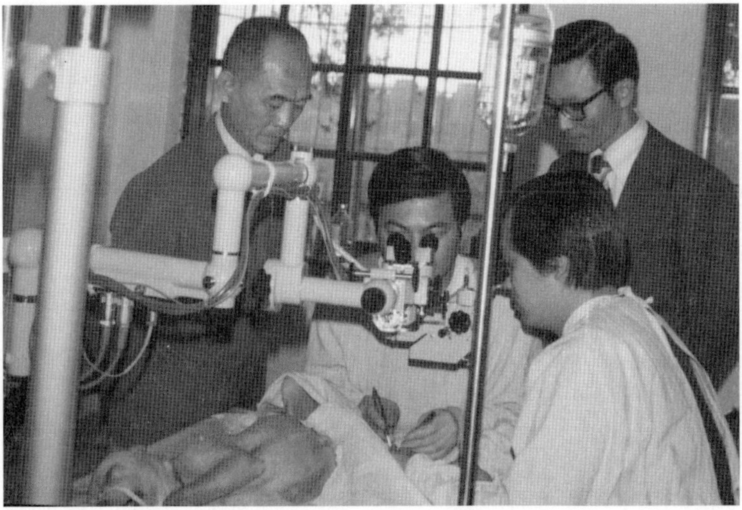

台灣新聞報　星期五　第

# 左手指移植至右手　洪大醫師妙術回春

## 新奇病例全球前所罕見

## 左手虎口功能將再為患者加強

# 小港等六鄉長　昨拜會王市長

## 希望六鄉劃入高市

# 自強救國基金

## 高市黨部續收多筆

# 元旦青年寫生比

## 各組成績評定

# 體育館出租

## 事後才報核

「斷指再接」的顯微縫接血管技術，必須要在零點一公分的血管壁縫上六針，每回必須縫接兩條動脈及一條靜脈，斷掉的手指功能才有指望恢復；這段過程，在手術檯邊一站至少得四個小時。

縫接血管是「再生」的關鍵，縫得太緊或太鬆都會影響血液正常流通，一點小誤差就會功虧一簣，所以必須在手術一週後，再將狗老師的腳切開檢視是否成功。「血管通了！通了！」來到日本二十天後的一個早上，看到自己一週前縫合的血管通了，不禁對著被麻醉而無法回應的秋田狗報「喜訊」。三個月後，洪宏典學成歸國。

「洪醫師，有人被切斷手指，請您趕緊過來！」放下電話，趕到急診室，病床上躺著一臉驚恐的年輕女孩，共斷了六根手指，看了一旁塑膠袋內血淋淋的手指，幸好沒被壓碎，他與楊庚申醫師匆匆進了手術室，當兩人再走出手術室時，已是二十三個小時以後了，他們連袂成功完成南部首例斷指再接手術。

隔日南區各大報，紛紛刊登——「少女裁剪冥紙　六指被

行醫多年，洪宏典一直有個夢想——「退休後帶著太太環遊世界」，卻因慈濟讓他改變了人生的順位。（圖片提供：洪宏典）

切斷　市立醫院醫師　妙手回春　完成接合　南部地區第一次顯微外科手術引人注目」從此，彰化以南各地斷指傷患大量湧入洪宏典服務的醫院。

只是，這種耗費成本及時間的斷指再接手術，並沒有得到新院長的重視，他興起了離開醫院的念頭……「大家都知道斷指要送來這裡接，若我們離開了，傷者該怎麼辦？投入的昂貴設備又該何去何從？」一想到此，洪宏典不禁猶豫起來，又想到父親常告誡：「做人、做事不能違背良心，要飲水思源。」為了讓自己走得心安理得，他決定傳承技術；但模擬手術用的狗要從何而來？想了一整晚，他決定探訪香肉店。

高雄市三多路上的五塊厝夜市，香肉店老闆以警覺的眼神看著他，最後兩人達成協議：「出借待宰殺的狗一次三百元，若狗被『醫死』，就要賠一千元。」老闆堆滿笑容送走這位「財神爺」，但他心中盤算的千元賠償金卻從沒領過。

三個月後，當初四位來學習的醫師僅剩兩位堅持下來，洪宏典於一九七八年回到自己的醫院執業，許多斷指傷患聞風而來，「洪外科醫院」成為他們受傷之後重拾謀生能力的指望。

一九八一年，「洪外科醫院」轉型成勞保醫院，業務更是蒸蒸日上，全盛時期有三十多張病床及二十多名員工。

## 驚世災難因緣

洪宏典的不苟言笑，及看診時的嚴肅謹慎是出了名的，有的病人對他又愛又怕，但是他銳利的眼神裡，其實潛藏著俠骨熱腸。

拉下醫院鐵門再處理好例行事務已近午夜，多年的行醫路上總是與時間賽跑的洪宏典，練就了往床上一躺就「人事不知」的功力。一九九九年九月二十一日凌晨，他被一陣晃動搖醒，睡眼惺忪的他被拉回定格在進出手術室的歲月中，以為有急診……在站不穩的搖晃中清醒過來，才意識

洪宏典首次參加海外義診，在福建省的一所小學利用課桌椅當診療檯，一位鄉親嚴重腹痛來求助，在缺乏檢查儀器下，洪宏典仔細聽診、施藥，解除他的病痛。（圖片提供：洪宏典）

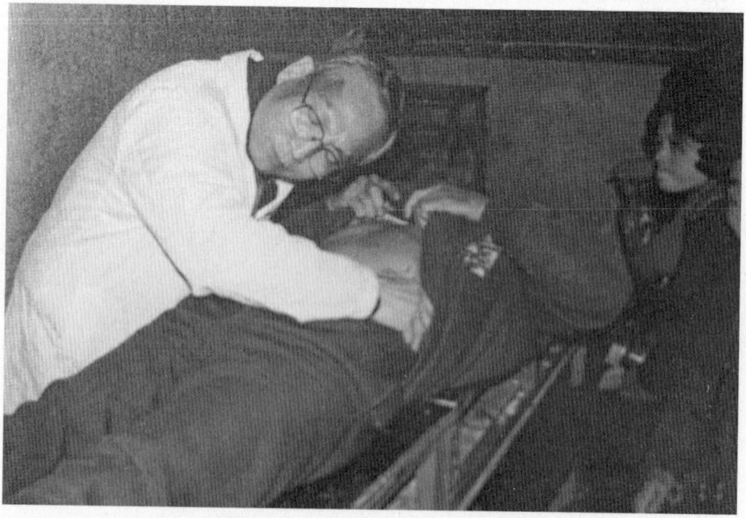

到是地震，「砰！」一聲，太太劉美麗驚嚇得彈坐起來，看著床頭的鬧鐘在地上翻筋斗，兩人睡意全消，除了不安，也不自覺地祈禱著……

洪宏典直盯著電視螢幕播出的訊息，得知芮氏規模七點三大地震的震央在南投，災情陸續傳出……他心急地報名參加第一梯高雄醫師公會義診團，九月二十二日當晚，他把自己的高爾夫球鞋袋稍做改裝，塞入診所的醫療器材及藥品，完成了簡易醫藥箱；隔日，一輛箱型車載著七位醫護人員往中部災區出發，搖晃的途中，鄰坐的黃義霖醫師問：「我也會參加慈濟的『人醫會』災區義診，你要去嗎？」

答應黃義霖的邀請後，他每天除了關心災區新聞，就是漫長地等待慈濟人醫會義診的通知，甚至自問：「我的報名資料被弄丟了嗎？」直到十月二十日才接到慈濟志工的通知，隔日就要出團到災區義診。凌晨三點半，慈濟志工曾美郎開車來接他，街道冷清，柏油路顯得格外寬闊，零落的霓虹燈看起來無力又孤單，車內氣氛亦不熱絡，兩人大都沉默不語。

「先生，請問要怎樣才能成為慈濟的『會員』？」洪宏典輕聲問，想打破這分尷尬，「哦！很簡單，每個月只要繳交五十或一百的『功德款』就可以了。」曾美郎簡短地回應著，接著車內又是一陣安靜……洪宏典心想：「五十元、一百元哪能做什麼事啊？莫非他說的是五十萬或一百萬？」一股莫名不安升起，甚至懷疑自己是否上了「賊船」，他覺得應該要做個「了斷」，若是必須繳這麼多錢，就決定不參加義診了，於是他再問個明白。

「啊？您誤會了，『功德款』是五十元或一百元就可以啦！」在曾美郎的笑聲中，他鬆了一口氣，也跟著笑了起來。

來到南投災區，看見好多穿著整齊慈濟制服的人在蓋組合屋，這些臉上堆滿笑容的人們，左看右看怎麼都不像「工人」？

二〇〇八年五月四川大地震，生病的人無法走出來，醫護志工就走進去，他們穿過山間田野，踩過碎石瓦礫。前往四川省德陽市洛水鎮李冰村往診，洪宏典（左二）為張代福老爺爺（右一）受傷的腳上藥。（攝影：陳李少民）

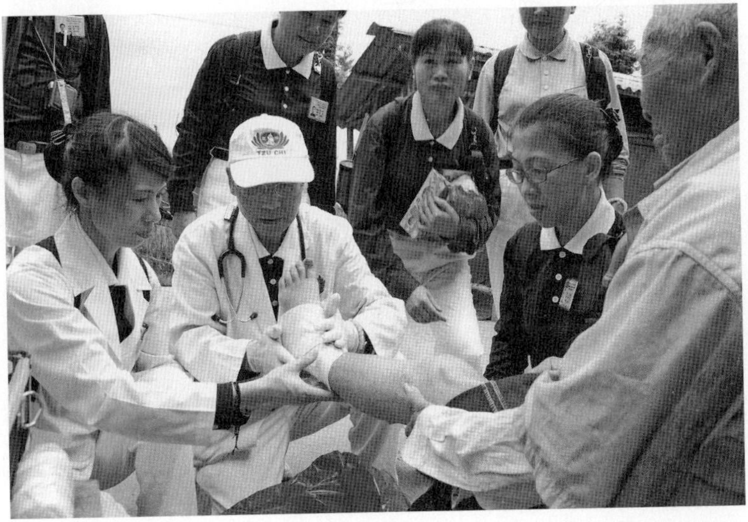

他又是滿腹疑惑，直到中午用餐時，才隱約了解他們不是工人，而是慈濟志工，很多人的身分是「師」字輩；除了醫師，還有老師、建築師、律師……這答案讓洪宏典十分訝異，也對他們感到佩服。

忙碌的義診工作，也拉近了他與志工的距離。隔天，前往中寮鄉義診的顛簸車內，洪宏典問了帶隊志工翁惠珍：「師姊，為什麼有那麼多人願意跟著證嚴法師？」當下她只回了一句：「想知道，就進來慈濟找答案！」

「又來了，這些慈濟人怎麼答案都只說一半？」他不解地想。

兩天的義診，在克難卻有效率的狀況下結束了，太太看著他一身塵灰及疲憊，好奇卻不忍多問。隔早，他興沖沖地對著家人及員工分享災區所見所聞，並表示要成為慈濟的長期志工，太太成為第一位響應跟進者。

## 聽上人的話——做就對了

些許的不安被更強烈的期待與興奮壓抑著，洪宏典直挺挺地長跪在證嚴上人面前，請求上人為他皈依；上人從口袋掏出念珠，卻發現他手腕上已有了，沒想到上人隨即再從另一個口袋掏出一條玉佩項鍊，套掛在他的頸上。內心莫名澎湃的他終於找到「為什麼有那麼多人願意跟著證嚴法師」的答案了，這一套，就把他牢牢套住在慈濟路上。

二〇〇一年六月，資深志工黃思賢在上人面前一一布達全臺各區人醫會幹部名單，洪宏典聽著、看著，也藉機認識新幹部，「南區人醫會召集人洪宏典醫師。」當黃思賢唸出自己的名字時，他著實嚇了一大跳，不知所措地站了起來，不安地說：「報告上人，我還在學習中，要帶領團隊恐怕有困難。」上人一臉笑意輕輕地回了一句：「再困難的事也要承擔。」當晚，他睡得很

南區慈濟人醫會二十年來義診的腳步有調整，卻沒停歇過；這些年來走過大埔、寶山、高中、桃源、關山、那瑪夏、寶來、茂濃、琉球等地。洪宏典帶著自製的第一代往診箱，為前來接受義診的鄉親仔細診療上藥。（圖片提供：慈濟基金會）

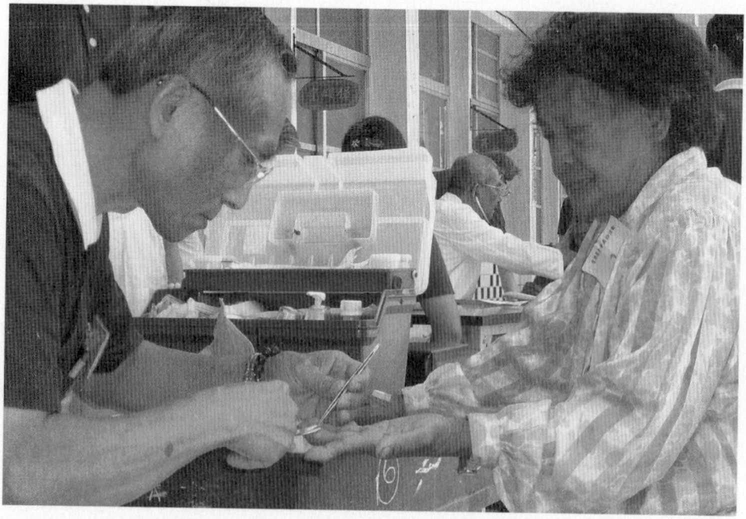

不安穩，心想一定會有人揶揄自己是「瞎子不怕子彈」。

既然承擔了就要把它做好，洪宏典下定決心後，開始著手規劃南區人醫會的組織，只是他仍毫無頭緒，托著下巴盯著電腦，偶爾點個滑鼠或伸個懶腰，呆坐整個下午的他，硬是理出了一個方向——「要讓人人各盡其才、合心合力發揮最大良能，就必須避免僅由少數人帶領與下決策。」沉思中，他被突然的電話鈴響嚇了一大跳，是「精進組」志工通知助念的電話，洪宏典放下聽筒，靈光一閃：「可以參考委員組的組織架構模式。」他規劃出南區人醫會的七個功能組——醫師、護理、檢驗、藥品、生活、交通、總務組。

新手上路，就提出要改變行之有年的運作模式，他忽視了有人還在觀望，有人尚須調適；很快地，第一個考驗出現了……

二〇〇二年全臺人醫會召集人回靜思精舍向上人報告會務，聽到的報告內容大都繞著義診議題，上人感嘆地說出心中的指望：「海外義診動輒上千人，若臺灣也是如此就糟了。臺灣現在醫療並不缺乏，需要做的是預防醫學，如果能把預防醫學做好，就可以減少許多醫療資源的浪費。」

但是五花八門的預防醫學該從何下手？洪宏典上網搜尋，看到一則報導：「如果你喝酒又抽菸又嚼檳榔的話，引起口腔癌的機率比平常人多出一百二十三倍。」如此驚人的數字，讓他決定從口腔癌防治衛教做起。

準備了充實的資料，信心滿滿地在月會上提案，沒想到卻在自己強力主張大團隊共識的原則下，踢到了鐵板，甫成立的人醫會七個功能組，還在磨合及適應階段，此時又要面對完全不熟悉的衛教領域，有人考量效果不彰，有人擔心花費太大，他沒意識到，反對的聲浪是來自不習慣跳出義診框架的後遺症；提案卡住了，進退兩難的洪宏典望著不久前為了衛教，花了九萬元自費添購的投影機，開始陷入天人交

杉林大愛園區動土之後的半年間，洪宏典每週兩天鎮守在園區醫療站。工地人數眾多，有人身體不適就會來到醫療站求醫，洪宏典細心照料、守護大家的健康。（攝影：陳燦鐘）

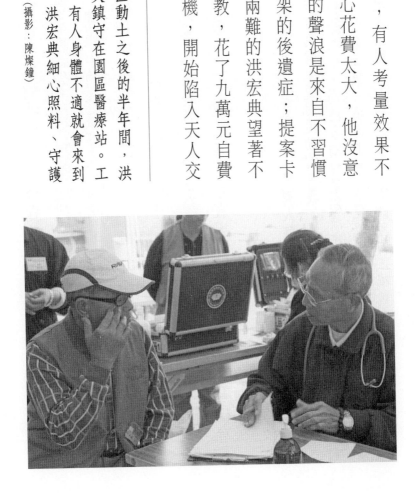

戰……太太察覺到他的挫折，輕聲提醒：「上人不是告訴你，再困難的事也要承擔嗎？」這句話彷佛成了他的緊箍咒。

漸漸地，團隊中的共識經過時間的沉澱與消化，微妙地發酵起來，人醫會的校園衛教終於啟動了，第一場校園衛教宣導，就在二〇〇二年十月十一日於高雄市莒光國小的活動中心登場。

除了口腔癌衛教，也適時地加入「如何吃出健康」、「視力保健」、「兩性教育」。進校園衛教宣導前連續幾晚，劉美麗看著

高雄市楠梓區慈濟志工結合高屏區慈濟人醫會在油廠國小舉辦「心素食儀」活動，洪宏典為師生說明活動的意義。（攝影：趙水源）

為讓蔬食觀念從小扎根，高雄市楠梓區慈濟志工、高屏區慈濟人醫會前往右昌國小舉辦「心素食儀」推廣活動。在均衡飲食區，護理師打開寫在扇子裡的「扇形飲食指南」，一一解說均衡飲食的正確觀念。（攝影：李碧原）

Sport

98025

先生拿著木條又鋸、又釘、又上色，左看右瞧，都像在做勞作，原來，洪宏典為了讓小朋友留下印象，參考二〇〇四年政府公布的金字塔均衡飲食指南，設計用二十塊四面塗上不同顏色的小積木，組合後即是金字塔狀，一向手巧的洪宏典樂在其中地完成了第一個衛教的純手作教材。

開學後不久的一個午後，在高雄市右昌國小的活動中心，護理師看著眼前的小胖哥笑著說：「你這樣吃東西不健康喔！」因為他擺出的均衡飲食金字塔積木與標準完全相反，只因薯條是他的最愛。護理師耐著性子，對圍在小課桌的五位學生解釋：「金字塔最底層的橘色積木代表全穀根莖類，往上一層綠色積木代表蔬果，再上去一層黃色積木則是蛋奶豆類，最上一層紅色積木就是高油脂食物。標準的攝取份量，就是金字塔型的比例……」有趣的是，幾場活動辦下來，發現胖瘦的人所排出的金字塔顏色恰巧相反。

七年間，南區人醫會舉辦了上百場的衛教課程，兩萬名學生參與，經過人醫會衛教洗禮的小朋友都體驗過金字塔積木遊戲。二〇〇三年「嚴重急性呼吸道症候群（SARS）」肆虐之後，為響應上人呼籲推動「心素食儀」的理念與運動，衛教課程陸續加入「節能減碳」、「溫室效應」、「飲食禮儀」，將慈濟人文一點一滴地帶入校園，而高雄市的右昌、莒光國小也將慈濟人醫會的衛教活動列入學童的必修課程。

## 遵守與村民的約定

在洪宏典不斷主動找事做的情況下，南區人醫會各組組長發揮功能，開始積極運作，讓原本僅五、六十人的團隊，有了明顯的成長。

天色未亮，按下車庫鐵門開關按鈕，洪宏典緩緩駛出黑色轎車，旁座的劉美麗擔任他的助手，後車廂滿載著隨身提袋、往診醫藥箱、電腦、檔案夾……沿途接了三位護理師，一車裝載滿滿地往高雄市甲仙區出發，車子沿著公路轉往鄉間，接著蜿蜒在山路上，沿路的景色並不陌生，只是隨著季節改變的景致，讓人期待下個轉彎處會出現的美景。七點，來到甲仙的「關山社區發展協會」，雖然已是第五次來此義診，洪宏典仍堅持提早到達，也堅持和總務組一起動手布置會場，劉美麗總會嘀咕幾句：「又不是第一次來，交給總務做就好了，每次都這樣。」其實她是擔心先生的「龜毛」個性，會給志工帶來壓力。

南區人醫會是從偏鄉、離島義診「起家」，二十年來義診的腳步有調整，卻沒停歇過；這些年來走過大埔、寶山、高中、桃園、關山、那瑪夏、寶來、荖濃、琉球等地，近年來即使有其他義診團及大醫院下鄉醫療巡迴服務，人醫會仍秉持初衷持續關懷，因為多年來建立的情誼無可取代，但是這

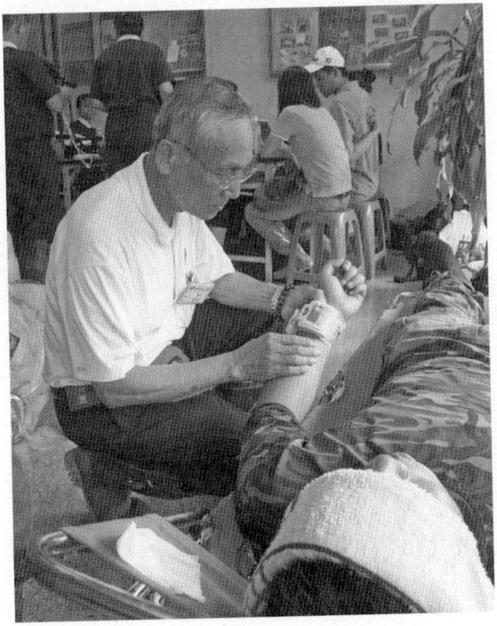

二〇〇九年莫拉克風災造成南部嚴重災情，協助清掃的國軍弟兄身體不適昏倒，被送來慈濟醫療站就醫，洪宏典給予適當的照顧與醫治。（攝影：呂秀芳）

分持續的關懷，卻因一場颱風而有了變化。

經過三趟的探勘、拜訪、邀約，南區人醫會一行五十人於二〇〇九年七月二十五日首次進到那瑪夏鄉舉辦全科義診，且約定隔月再來，沒想到八月八日莫拉克颱風帶來的強風豪雨，打亂了與村民的約定，而多年來每月一次的那瑪夏鄉高中村駐點義診也被迫取消，好不容易在莫拉克風災三個月後，人醫會終於能涉水挺進高中村關懷，村民彷如隔世見到親人般地訴說大自然反撲的可怕；但是因為許多居民陸續被安置離鄉，再加上上人關心義診安危而請大家暫時不要進入災區，人醫會便將義診重心移到災情同樣嚴重的高雄旗山及屏東佳冬、林邊等地區。

洪宏典走在災後一片泥濘的旗山街道，手上提著水電工具箱，臨時醫療站裡的災民有人納悶地問：「都這麼忙了，洪醫師還要兼修水電？」一位穿著軍服的年輕人按著大拇指來到醫療站，他在協助災後清理時被玻璃割傷了，洪宏典快速檢查流著血的傷口，接著打開身邊的水電工具箱，從中拿出藥水為他消毒、上藥、包紮，「還好！傷口不深，不須縫合，但要打一劑破傷風。」這個麻雀雖小，卻五臟俱全的醫藥箱，連破傷風藥劑都有。

這只不起眼的水電工具箱，是他前幾天才動手完成的「往診醫藥箱」，基本配備有血壓計、血糖機、外科器械、藥水、藥布，再把家中診所藥品濃縮分類為胃腸、感冒、綜合三袋，夾縫中還塞了薄鋁板可充當固定器；那個專為冷藏破傷風藥劑的保冷杯，是他利用珍藏多年、父親生前用的雙層保溫杯製作而成，中間挖洞可放穩破傷風藥劑，空隙再填滿冷凍劑，便化身為二十四小時保鮮的迷你冰箱，在災區如影隨行地跟著主人，就像父親的愛一直守護著他。

災區的援助復建如火如荼地展開，人醫會的義診也一站又一站地開設，劉美麗趁著休診和洪宏典來到高雄靜思堂，大愛廣場陸續出現人潮，當天，臺北慈濟醫院醫護人員搭乘高鐵專車南下支援，人醫會團隊被分成三條動線前往不同災區，洪宏典擔任骨科主治醫師的兒子洪碩穗也在隊伍中，他被編在前往屏東林邊的動線，劉美麗則在前往旗山的隊伍中，洪宏典穿梭人群中忙著確認人數及行前叮嚀……一家三人在同一空間卻無暇相聚，劉美麗遠遠地與兒子對望一眼揮揮手，就跟著大隊出發了。

洪家父子雖同往林邊災區，卻各自忙碌，當天也沒人看到兒子來「認親」，有人忍不住提醒：「洪醫師，您家兒子今天有來喔！」他只點點頭，又忙碌去了；直到整隊要離開前，他終於見到兒子，看著他身上沾滿的泥漬，洪宏典露出溫柔的眼神，拍了一下他的肩，就目送他離去。

災區義診告一段落，太太與患者都指望著洪醫師可以回來看診，一切該恢復常軌了；此時杉林大愛園區卻緊接著動土，之後的半年間，他每週有兩天都鎮守在杉林大愛園區的醫療站，留守在「洪宏典聯合診所」的劉美麗只要被患者問起「洪醫師」，只能回答：「要找洪醫師，請不要週三、週四來。」

## 有一天大家都會老

洪宏典在人醫會的日子，就像陀螺般轉個不停，只是這顆陀螺旋轉的中心點，永遠是別人，而不是自己。二〇〇六年，高雄第一場環保志工代謝症候群（三高疾病篩檢與預防）的健康檢查關懷活動在「右昌」環保站展開，活動一做就是十年，一直持續著，因為上人殷殷叮嚀人醫會要在社區照顧平均年齡偏高的環保志工。有一回，在環保站健檢活動中，沒聽到含笑阿嬤的爽朗笑聲，一問之下才知道她病倒了，洪宏典一陣心痛，自責應該要再進一步徹底地檢查，才是真正的照顧。

二〇一二年由大林慈濟醫院簡守信院長召開的中、南區人醫會會議上，洪宏典提案得到慈濟基金會的支持，可以開始為環保志工抽血檢查，血樣由大林慈濟醫院負責檢驗；如此一來，除了血壓、血糖，連總膽固醇、三酸甘油酯、高密度膽固醇、肝功能指數都有明確的數據，就能更進一步地為環保志工的健康把關。

「洪醫師，很抱歉！婆婆早上出門居然不知道怎麼回家，週日我要陪她，沒辦法支援健檢了。」洪宏典正忙著整理週日要上場的第二階段健檢活動資料，人醫會志工的一通電話，卻讓他鎮日腦海中不斷浮現老人家找不到路回家的焦急樣子。

高齡化社會必須面臨的老人失智問題，讓他蘊釀出人醫關懷社區的新方向。二〇一三年三月九日，他邀請到大林慈濟醫院神經內科主任曹汶龍醫師及許秋田心理師，來到高雄靜思堂介紹「AD8失智篩檢方法」，課程結束前，曹汶龍的一席話：「希望高雄人醫會能夠與大林慈濟醫院同步來做早期失智症篩檢，找出早期或極早期罹患失智的長者，給予適當的治療，延緩失智症的發生，這是目前改善失智症病情唯一的指望。」洪宏典在隔日岡山「後紅」環保站的健檢活動，大膽地加入AD8問卷檢測項目，現買現賣地跨出早期失智症篩檢的第一步。

「失智」這個讓人惶恐又沮喪的字眼，他不想讓它與篩檢活動沾上邊，於是就像為小孩取名一般，他百般思量，寫了又刪，刪了又寫，最後雀屏中選的是——「憶能檢測」。AD8問卷檢查項目，是八項有關日常作息問題測試，若有兩項答案出現異常，就列入疑似個案，再安排他們到醫院接受進一步檢查；這一年的健檢活動更加忙碌，共完成五百多份問卷，篩檢出十六位異常個案。

只是……16/500＝3.2%，這對凡事講求效率者而言，肯定是

---

二〇一六年三月十九日，高雄區首次為失智長者開辦的「後勁憶能促進班」，於商借的「明修堂」開課。（攝影：陳慶臨）

「後勁憶能促進班」靜態課程老師教導學員用積木製作聖誕樹，洪宏典也親自陪伴關懷學員。（攝影：紀易宏）

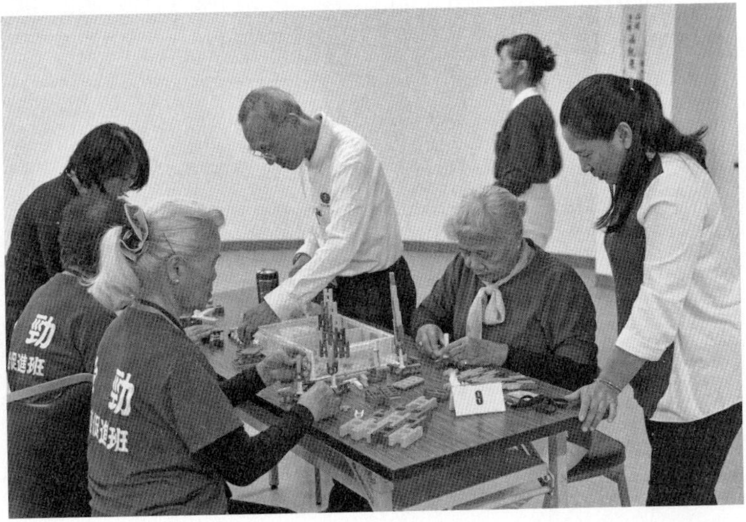

個無法忍受的數字，但洪宏典卻樂觀面對，帶領團隊向前行，讓他在意的反而是紙張的消耗，於是推動問卷電子化作業。從二〇一三到二〇一四的兩年間，僅篩檢出二十四位必須治療的失智症患者，洪宏典語重心長地和人醫會的成員說：「這不只是二十四位病人的問題而已，而是二十四個家庭生活受到影響。」

在各環保站走透透後，洪宏典覺得還不夠，於是帶著團隊走入各社區老人日托中心，進行檢測及宣導，每場下來總會發現幾位疑似初期的失智長者；一面學習一面宣導與檢測，三年後，籌備多時的「後勁憶能促進班」終於要開課了。

二〇一六年三月一個寧靜的週末，位於高雄煉油廠旁的「明修堂」異常地熱鬧起來，路過的信徒好奇地繞進來一探究竟，讓原定的十五位學員，在奔相走告下多出了十位。這邊有人努力向前伸展，那邊正計時踏步，還有人做起金雞獨立……洪宏典醫師帶領團隊逐一展開八項體適能測驗，接下來每週一次的「後勁憶能促進班」規劃了靜態課程，讓家屬陪著學員畫圖做手工藝，動態方面則納入彈力球、彈性帶等訓練四肢運動及身體平衡能力的課程。

沒料到兩週後，洪宏典突然被告知「明修堂」因為舉辦廟會活動，不能再出借場地，志工緊急洽借「油廠國小」的教室來應急。於是，後勁憶能促進班的課程就在不固定的場所遊走進行……場地的事情讓洪宏典十分苦惱，此時一張飄然而至的房屋稅單，讓他想到與妻舅共有一間閒置十多年近百坪的大樓，劉家大哥爽快相挺：「你決定，我就跟進。」兩個月後，後勁憶能促進班有了固定的新家，漸漸地，學員人數也呈倍數成長。

三年多的學習、奔走、宣導，在後勁憶能促進班看到了迴響與成果，其他社區也紛紛前來取經與跟進。

## 守護慧命 退而不休

進入慈濟後不久，洪宏典便早將洪宏典聯合診所閒置的三樓病房區整修為「楠梓共修處」，還提供一處空地讓環保志工有了做資源回收分類的落腳處。二〇一四年五月的一個晚上，兩位志工來到一樓診間，彼此互使眼色，欲言又止……「洪醫師，我們可以在樓上連線『薰法香』嗎？」一位志工小聲地說出來意。當晚他與太太商討後決定：「只要有十五人響應『薰法香』，我們就申請和慈濟本會連線。」三天後，二十五位聯署名單送到他面前；一個月後他結束了診所的營運，從此他的床頭擺著三個鬧鐘，每天早上四點三十分準時到樓下開門迎接前來「薰法香」的志工。

近五十年的行醫路劃下休止符，看著懸掛二十年的「洪

進入慈濟後不久，洪宏典將診所閒置的三樓病房區整修為「楠梓共修處」。為讓法親能連線「薰法香」，毅然結束了診所的營運，從二〇一四年六月九日起連續兩年，每天早上四點三十分準時到樓下開門迎接前來「薰法香」的志工。（之後由當區志工輪流開門）（攝影：趙水源）

宏典聯合診所」招牌一字一字地被拆下，夫婦兩人臉上閃過一絲不捨；當得知「洪醫師為早起幫大家開門薰法香而結束診所」，讓提議連線的志工有說不出的內疚，劉美麗倒是輕描淡寫地說：「楠梓地區的醫師滿多的，照顧鄉親的健康並不缺我們，但照顧大家、包括我倆的慧命，需要這個道場，這也是我們的指望，該是轉換跑道的時候了。」

洪宏典的人生跑道，總是充滿著無數的奇妙因緣。二〇一五年，已經七十四歲的他，參加了第七梯次的「慈濟尼泊爾賑災醫療團」。看到滿目瘡痍的建築物，隨意搭起的帳篷，一雙雙無助的眼神，讓他不禁加快腳步，爭取時間為更多人服務……

義診區出現一位出生僅四十五天的小男嬰，在母親懷中的他右腳裹著鬆垮的繃帶，抖動身軀不停哭泣，經過比手畫腳，加上片段的翻譯，得知男嬰右大腿的骨折並非地震造成，而是在狹小帳篷內，被好動的哥哥跌坐在身上壓傷的，洪宏典診斷僅靠繃帶固定肯定是不足的，幾經波折將他送到當地醫院，為男嬰下半身打上石膏；半個月後他回到臺灣，腦海卻時常浮現男嬰的身影。

隔月餘，他再度被邀赴尼泊爾參與中長期的關懷，其中最大的任務就是協助當地成立人醫會。這回，他特別來到帳篷區探視掛念的小男嬰，長大不少的男嬰綻放無邪笑容迎接他，仔細檢查拆掉石膏的雙腳，確定已康復了。步出帳篷，刺眼的陽光灑在洪宏典的臉龐上，淺淺的笑容，是他放下懸念後的欣慰與自在。

行醫多年，洪宏典一直有個夢想——「退休後帶著太太環遊世界」，一是犒賞自己，二是慰勞太太的辛勞，而到二千五百多年前佛陀誕生地尼泊爾朝聖也曾是環遊世界計畫中的一站，只是沒想到二度來到喜瑪拉雅山下夢想中的古國，不僅太太未隨行，而且他還日日以香積飯果腹。

拍了拍身上的灰塵，彷彿也拍去一身的疲憊，結束義診回到飯店時，他趕緊察看手機傳來的新訊息，竟看到「楠梓和氣」LINE群組發出了一則通知：「師兄、師姊，明天是我們『晨鐘起 薰法香』的一週年慶，邀請大家踴躍來薰法，用行動慶祝，並守護慧命。」遠在尼泊爾的洪宏典內心悸動不已，他快速地在手機上打字回應：「請幫我留個位置，我要與大家同在。」

這天，天色微亮，距離尼泊爾遠在三千七百零二公里外的臺灣，劉美麗醫師在楠梓共修處的前排座位上，放上了先生洪宏典的電子書，一起與三十位慈濟志工見證「晨鐘起 薰法香」滿一週年……法親將當天的照片立即以LINE傳送，在遠方的他為大家按個「讚」，隨即不改嚴肅的本色，殷殷叮嚀大家：「恆持剎那，聞法精進。」

二〇一〇年三月十日，杉林大愛園區課輔班上課前，朱妍綸帶著課輔班的孩子往大愛路上的教室走去。（圖片提供：朱妍綸）

# 催苗——朱妍綸的故事

文◎蔡素秋

## 【朱妍綸小檔案】

一九五九年生於嘉義，從小由外公外婆撫養長大，一九八八年外公往生，她與雙胞胎妹妹朱妍綾想為外公植福的因緣而認識慈濟。在資深慈濟志工陳也春的陪伴下，朱妍綸從訪貧的見苦中，體認到自己身為老師的責任，加入教師聯誼會並受證成為慈濟委員，在社區及校園奔走推廣慈濟人文，一心一志於推動教育志業。一九九九年，臺灣社會飆車盛行，中輟生愈來愈多，她和教聯會志工毅然決定成立「高雄區青少年成長班」，竭盡心力希望挽回青少年的邊緣人生。二〇〇九年八月一日，她甫從校長一職退休，七天後便面對莫拉克風災的巨大考驗，許多山上的孩子失去了學校，因為寄讀也被迫和父母分開，想要擁抱他們孤單身影的一念心，開啟了高雄區教聯會為杉林大愛園區孩童的課輔活動，持續未曾停歇。

鄉間小徑上幾位女子輕鬆嬉笑地走著，走在後面的朱妍綸踩著高跟涼鞋，身上一襲漂亮洋裝，隨著腳步移動和微風吹拂，時不時地變化一身美麗的弧度……前些日子慈濟志工陳也春說要帶她和幾位老師們去遊山玩水，難得的假日，陳也春也一向幽默風趣，朱妍綸對這趟郊遊有著高度的期待，她提著特別親手準備的餐點，腳下分外地輕鬆愉快，風和日麗的這天，雖有太陽但不會太熱，陣陣涼風吹來，讓剛接觸慈濟不久的朱妍綸邊欣賞風景邊想：「原來慈濟也有這麼輕鬆的活動。」

## 苦難中看見使命

「妍綸老師，麻煩您們走快點！」她耳邊聽聞陳也春的催促聲，一抬頭卻早已看不見他的身影。她和雙胞胎妹妹朱妍綾趕緊快步跟上，轉過了小徑的彎道，朱妍綸看到帶頭的陳也春竟站在一間磚造的矮房前，正伸手敲門著，她滿頭霧水地問：「這是要做什麼？我們不是要去野餐？」

「來看『感恩戶』，幫他洗澡。」陳也春回過頭，帶著一臉

「慈濟教師聯誼會」一九九二年七月二十三日在花蓮靜思堂召開成立大會，來自全臺千餘位教師參加，發願，在校園播撒善種子。（圖片提供：慈濟基金會）

深意的笑容回答著，朱妍綸頓時腦袋一片空白，手腕上的餐點盒像突然被放進了鉛塊。

門敲了很久，一位七十多歲獨居的老爺爺一拐一拐地走出來，他因為中風，行動不方便，才會走那麼久來開門，朱妍綸探頭看見屋裡地上鋪滿報紙，還傳來一股很重的尿騷味，「怎麼地上都鋪報紙啊？」陳也春邊問邊將報紙掀起，掀起的報紙上都是一坨一坨的大便，老爺爺常常因為來不及上廁所，就直接排泄在地上，無力清理的他怕太難看，所以就用報紙把它蓋住。

看到這情景，陳也春開始分配工作，掃地的掃地，清洗的清洗，朱妍綸和朱妍綾被分配整理老爺爺的臥室，臥室裡就只有一張單人床和蚊帳，可是床鋪、棉被，還有蚊帳全部都沾上了糞便和蠕動的蛆，姊妹倆都是老師，從小就好命，哪裡見過這等情景，都被眼前狀況嚇傻了，不知從哪裡開始動手清理。

「不要帶手套，要讓案主有親切感。」陳也春悄悄地過來叮嚀。忍著糞便臭氣和對蛆蛆的害怕，朱妍綸姊妹倆開始徒手用布擦拭榻榻米，但是糞便結了很厚一層，根本就擦不掉，只能用指甲去摳。接著她們合力把棉被被套拆開，蚊帳拿起來放在大臉盆用水沖洗，但是怎麼洗就是洗不乾淨，洗了十幾次，味道還是洗不掉，水裡加上糞便，混濁不堪，朱妍綸的一身衣服、鞋子全濕了，她覺得眼前這一切彷若《地藏經》中描述的「糞尿地獄」一般。

客廳的糞便清除乾淨了，陳也春也幫老爺爺洗澡、剪指甲、剃鬍鬚，朱妍綸看著陳也春對待老人的溫柔撫慰、輕聲安慰，還特別拜託住在附近的一位阿婆，每天煮飯給老爺爺吃，她心想：

「陳也春師兄身段是那麼地柔軟，關懷的方向是那麼地細膩，一點都不輸給師姊們。」她不禁對陳也春更起敬佩與尊重，也對慈濟這個團體有了更深刻的認識。

這趟被「騙」去的郊遊之行，朱妍綸回到家已經晚上六點多了。先生葉軒州早已把飯菜煮

一九九三年七月二十三日趁著暑假，朱妍綸與家族們至嘉義阿里山森林一日遊。（圖片提供：朱妍綸）

好，他沒有發覺出太太的異樣，見到她回來就說：「我煮好了，妳來吃飯。」朱妍綸的衣服還是濕的，衝上樓先去洗澡，一次、兩次、三次，無論怎麼洗都洗不掉渾身沾染的糞尿氣味，下樓來看到一桌飯菜，感覺那「一坨一坨」的畫面全跑了出來，她壓抑著作嘔的感覺，丟下一句：「我吃不下！」逃離了飯桌，留下滿臉疑惑、不明所以的先生。

朱妍綸連著三天，天天往自己身上灑了香水，老爺爺潦倒的一生，就像那股糞尿氣味，一直在她腦海揮之不去……那天她親眼目睹老爺爺鬍鬚剃了之後，言談間有了笑容，簡直像變了個人，變得好帥。事實上，老人年輕的時候確實風光過，多金闊綽、風流倜儻，娶了老婆，還養了幾個小妾，只是後來中風，千金散去，身邊的女人都不理他了，最後連兒女也全都棄他而去……

朱妍綸獨自坐在暈黃的燈光下，細細地回想著三天前第一次參加訪視的點滴，她很震撼原來在人生當中，一定要謹言慎行，把握每一個當下做好自己，才能夠給晚年的自己一個有意義的人生答案。「我是當老師的，把每一個孩子教好，人生路上更要走好自己的每一步。」看著在燈光

一九九六年朱妍綸帶著學生參與鄉土生態教學，兩個女兒也歡喜同行。（圖片提供：朱妍綸）

下閃著光芒的香水瓶，她心裡有一股熱流，就像幼苗在滋長。

## 庇蔭人生的炙熱

一直以來，朱妍綸的日子在課堂及家庭間快意流轉，她從沒想過一件個案的訪視，改變了生命的視野，之後一次次的訪貧，除了激盪她心中的不捨之情，更帶給她不同的體悟，朱妍綸將這些感動，熱情地與學校的學生及老師們分享；而這段時間，在陳也春帶動下，參加慈濟活動的教師人數也快速成長。一九九二年，當陳也春、王榮輝策劃以教職員為主的「心靈之旅——參訪靜思精舍」活動，就有二百三十多人參加，朱妍綸和妹妹也在其中。

夫家是基督教徒，朱妍綸卻因外公往生，想為老人家植福，牽起她一步步走進慈濟的因緣。當時陳也春的家如同教師們的聯誼會所，大家一有空就往他家跑，幾次聯誼後，愈來愈多老師都希望能在慈濟組織中成立一個教師團隊。這天陳也春在家中，手中剛泡的一杯茶還沒來得及喝上，朱妍綸姊妹就來造訪，才踏進門，妹妹朱妍綾就急著問：「也春師兄，教師團隊是開始組織了沒呀？」一旁的朱妍綸也敲邊鼓說：「是啊！是啊！教師團隊要趕快成立啦！」轉了身剛坐定的陳也春，瞧了姊妹倆一眼，淡淡地應了聲：「怎麼了？」但他心裡嘀咕著：「這姊妹倆最近只要看到我，就一直繞著這問題問。」

「教師團隊要趕快成立，我們要來帶動更多人加入慈濟。」這對雙胞胎姊妹異口同聲地回答，陳也春一句話都沒說，靜靜地看著這對姊妹臉上閃耀的光芒，他故意慢條斯理地整理桌上一疊資料，心裡卻澎湃地想著：「是真的該成立一個教師團隊了！」急於得到答案的朱妍綸不死心地追問，陳也春笑而不答，他想讓這股熱情再更熱切些，但他的眼神卻早已露出了篤定。

幾個月後，證嚴上人行腳至屏東分會，陳也春向上人報告想成立「教師聯誼會」的構想，上人非常認同。一九九二年五月二十四日，在屏東分會舉行「南

一九九五年十月二十三日，高雄區慈濟教聯會老師於花蓮慈濟醫學院參加學術研討會後合影。（圖片提供：朱妍綸）

區慈濟教師專業聯誼會」，接著全臺慈濟教師聯誼會（簡稱教聯會）在同年的七月二十三至二十四日，正式在花蓮靜思堂舉行成立大會。

那一天，一心期許自己成為「大地園丁」的朱妍綸，喜孜孜地穿著一襲象徵大地的淺綠色旗袍，坐在靜思堂的蓮花椅上，寧靜祥和的莊嚴氛圍籠罩著她；她環顧身旁一千四百多位充滿教育理想的教師們，頓時心情激動無比。成立大會上，證嚴上人對現場教師深切期許——「將教育當作『志業』，而不是『職業』，對國家未來主人翁的養成，如培植一株株枝葉繁茂的菩提樹，要用心澆灌，悉心照拂，使之成長茁壯，以庇蔭人生的炙熱。」上人的叮嚀讓坐在臺下的她，難以自抑地握緊拳頭，淚水在她臉上簌簌地滑落。

推廣慈濟人文的熱情持續著，她極力地在校園內推廣「靜思語」，很快地得到老師們的認同及迴響，但朱妍綸並不以此為目的，因為她想更進一步地推動，擴大至學生及家長，於是她開始接洽所有可能的推廣管道。

「鏘、鏘、鏘——」嗩吶、鑼鼓，鬧地喧天地價響著，廟宇廣場前，兩班野臺歌仔戲正對唱得熱鬧，行色匆匆的朱妍綸閃過戲臺前看戲的人群，循階快步上樓來到廟宇辦公室旁的讀經班，簡單的招呼後，她心無旁騖地和讀經班的學員分享靜思語和慈濟人文，雖是靜心沉澱的片刻，但過程中不時夾雜著廣場上喧鬧的音韻，而這個場地還不是最奇特的。

傍晚時間，素食店老闆忙著招呼用餐的客人，身穿制服的朱妍綸和幾位教聯會老師走了進來，熟稔地與老闆點頭示意，隨即穿過一桌桌用餐的客人；幾位用餐客人看著她們那一身整齊制服疑惑地問：「老闆，樓上有活動嗎？」

「有啊！喜歡的話，可以上去聽看看。」沒想到果真有人好奇地跟上樓聽了一場慈濟人文的課程。只要有邀約，她通通來者不拒，短短的時間裡擴展了好幾處固定推動慈濟人文的班級，也讓朱妍綸及教師團隊忙得和陀螺一樣。

「其實我們可以借學校來辦活動啊！」經過一段時間的四處奔波，有人提議，朱妍綸心想是該有所改變了。於是他們到處商借學校，曹公國小校長很認同慈濟，馬上答應出借場地，並希望教聯會能帶動曹公國小的學生及家長；朱妍綸及其團隊如注入強心針似地竭盡心思規劃活動，除活潑的遊戲設計，更加入親子教育課程、靜思語教學等，當時的高雄縣第一個「兒童親子成長班」

就在曹公國小成立，此舉的成功也催生了高雄各區陸續成立「社區兒童親子成長班」，就像一棵棵奮力勃發的教育新苗。

一九九六年，朱妍綸接下了高雄區教聯會文書窗口，有了社區親子成長班之後，朱妍綸和教聯會的老師們願力更強，他們還想為國中學生盡一分心力。

## 拉一把青苗成長

牆上的鐘，長短指針一格格移動，時間在每一個定格中流逝，晚餐後隨即埋首學校與慈濟工作的朱妍綸，近兩個鐘頭後，終於放下了筆，走出書房轉進客廳，放鬆地往沙發一靠，她隨即被一旁報紙上的斗大標題——「青少年騎機車，囂張狂飆橫行，警方取締多人」，觸得心一陣一陣緊，想著這些青少年為了追求刺激與狂熱，危及自身安全，讓她非常憂心；「自己能為這樣的孩子做些什麼？」那個晚上她腦海中止不住地想著。

那一年暑假，她腦海中的想法突然獲得具體落實的機會，有一所學校非常肯定慈濟的教育理念，邀請她與教聯會的老師們，特別為需要接受輔導的學生們進行「靜思語教學」，加強人文觀念。暑假結束後，這群原本叛逆的孩子有了令人意外的改變，講話口氣不再敵對，動作不再無禮，這讓參與的教師們對慈濟人文輔導教學增強了信心。

這分信心促成黃喬蘭、王秀純等十幾位教聯會的老師和陳也春一同籌劃，成立以國中老師為主，慈濟志工為輔的「青少年聯誼會」團隊；為了能順利推動，他們還特地規劃了三場工作人員培訓課程。研習當天，團隊成員比肩而坐，將課堂擠得滿滿的，身為工作人員之一的朱妍綸看到大家如此投入，激動的心情悄悄地夾雜了些許的忐忑。

一九九八年七月，兩百位老師到花蓮靜思精舍參加「高雄區青少年成長班幹部精進」研習，最後一天，朱妍綸代表團隊將成立「高雄區青少年聯誼會」的企劃書跪呈上人；上人收下企劃書，直接問：「為什麼想這麼做？」

「越來越多的國中生都茫茫然，常一起飆車，學業中輟，我們是慈濟的教師，想要把這些孩子找回來。」朱妍綸與團隊教師們

---

朱妍綸為慈濟杉林大愛園區的孩子實施靜思語教學，自二〇〇九年莫拉克風災後，教聯會團隊陪伴園區的孩子始終未曾離開。（攝影：李漢章）

慈濟杉林大愛園區課輔班的孩子，趁著寫作業的空檔時間，講悄悄話給朱妍綸聽。（攝影：李漢章）

Life Rebuibling
靜思語 教學活動
BLACK
FASHION
TASTE

毫不猶豫地回答著。

上人看了他們好一會兒，緩緩地說：「既然要做，你們就要有『難行能行，難忍能忍』的勇氣。」跪在上人跟前的朱妍綸，倏然聽到上人意有所指的語氣，心頭顫了一下，一股無形的壓力席捲而來……

「高雄區青少年聯誼會」招生對象為中輟生或是老師眼中的「頭痛人物」，推動之初，異議的聲音四起，「教聯會的工作已經做不完了，還要加入『青少年成長班』嗎？」「都找一些難教導的學生，我們要不要再考慮一下？」「萬一這些學生晚上又去飆車，妳要管嗎？」面對紛擾的聲音，朱妍綸想到上人對大家的期許，她總是自我勉勵「難行能行」並與大家分享：「先不要去想這些，先把孩子招收過來，做就對了。」一九九九年十月三日，慈濟高雄區青少年成長班招收第一批國中生，人數一百名。同年十二月，朱妍綸在上人的慈示與期許下承接了總幹事職務。

「各位同學，這是龍口含珠……」成長班的課堂上，老師正示範吃飯時如何端碗、拿筷子，學生心不在焉地聽著，對於基本的服裝儀容要求，他們甚至覺得囉嗦，當看見朱妍綸或其他教師走過來，孩子們會虛應地把衣服紮進褲腰內，可才一轉身，他們又把衣服拉了出來……朱妍綸輕輕拉過孩子，笑笑地告訴他們衣服要穿戴整齊，頭髮要梳理乾淨，她心裡清楚這些「要求」，孩子不見得聽得進去，但她堅持著。

青春期的國中生不善於表達，跟他們打招呼也愛理不理，讓陪伴的隊輔們覺得很挫折，朱妍綸得想盡辦法勸解，幾位國中的老師也幫忙說服，直說：「國中生這樣的反應很正常啊！」沒想到這一句話引起了意想不到的發酵，「啊？表情酷酷的，不會笑、不理人、服裝儀容邋邋遢遢，這樣子叫『正常』？」隊輔們不可置信地反問。朱妍綸笑著說：「就是不聽話的孩子，才更需要慈濟的人文薰習。」

「難行能行，難忍能忍」，

在杉林大愛園區演繹的〈行願〉法船，包含老中青三代參加。慈濟志工鼓勵家長陪伴孩子一起練習，透過讚美，孩子也增加自信心。（攝影：鍾烈榮）

朱妍綸與團隊謹遵上人期勉，更用心從社區接引有心人來陪伴孩子；在團隊的努力下，孩子成長了，陪伴的人也進而認同慈濟，培訓受證成為慈濟委員。朱妍綸與教師們總算達成了當初發心立願的使命，而那分初發心歷歷在目，依然延續……

「青少年成長班」如一顆種子，催化著一年後「親子班」這株新苗的成立。首次的母親節活動，當孩子獻上花束擁抱媽媽，並說出「謝謝您、感恩您」時，許多媽媽們淚水爬滿雙頰，她們彼此已許久沒有感受到如此親密的情感，朱妍綸被這樣的畫面感動著；三年後，第一屆「青少年成長班」的國中生結業了，離情依依，孩子和家長都熱切要求希望能延續下去，在指導師父和上人應允後，高雄區的青少年成長班以升上高中的舊學員，與新招收的國中生為主，延續了已建立的情感，也銜接了新的希望。

身為高雄區青少年聯誼會總幹事的朱妍綸，隨著任務愈接愈多，她也愈來愈忙碌；夜晚燈下，她忙著編寫教案，葉軒州貼心地端來一杯熱飲，囑咐著：「別忙太晚！」便離開書房。接過熱飲，朱妍綸感受著先生的貼心溫暖，不禁回想起那一年（一九九三）在花蓮舉辦的第一屆教師學佛營……

朱妍綸承擔學員長，也同時兼任司儀及活動組的工作，忙碌中她趁著營隊晚餐時，飯來不及吃，就趕緊打電話回家關心，電話那頭傳來女兒天真清亮的話語：「媽媽，爸爸說叫妳不用回來了！」

葉軒州看到朱妍綸為慈濟的工作這麼忙碌，除了心疼，也夾雜一些不快，他不明白妻子為什麼寒暑假還要去花蓮辦營隊，「自己的孩子不顧，都去顧別人的孩子。」他心中的不滿逐漸升高。

得知先生不諒解，朱妍綸委屈地哭了，掛上話筒，轉身對著牆壁拭淚，深怕別人看到此刻的自己。

營隊最後一天的圓緣儀式，上人為學員送上結緣品，輪到朱妍綸時，上人竟像知道什麼似地，多給了她一份，並輕聲地說：「這一串念珠拿回去給

二〇一二年朱妍綸（左一）參加馬來西亞慈濟人文教育研習營，當地志工熱情歡迎老師們的到來。（攝影：蔡雨蓁）

妳師兄，跟他說，我感恩他，因為有他，才能夠成就這次的學佛營。」朱妍綸強忍盈眶的熱淚，緊緊握著這份意外的禮物。當葉軒州從妻子手中接過這串上人致贈的念珠，以及上人對他的感謝話語，他心中有了觸動，隨後他多次陪著朱妍綸到花蓮慈濟醫院擔任醫院志工，試著了解佛法，認識慈濟──一九九九年，夫妻倆同時受證成為慈濟委員。

## 愛在山城流動

二〇〇九年七月，上人行腳來到高雄，朱妍綸循著高雄靜思堂的法華坡道雀躍地快步上樓，她心想：「終於可以跟上人說『八月一日，我要退休了！』」前幾年上人於言談間數度詢問她退休之事，希望她能全心投入慈濟教育志業，但因剛接任鼓山國小校長，對上人的期待，她只能滿懷愧疚地假裝聽不懂，幾天後當上人要離開高雄時，對大家說：「教育功能團隊要整合，由朱校長來接『教育功能合心窗口』。」一旁的朱妍綸還來不及琢磨話中「整合」的含意及任務，而八月八日的一場風雨，已

二〇一五年尼泊爾發生七點八強烈地震，慈濟賑災團前往甘雅曼蒂中小學勘災，朱妍綸與學生進行團康遊戲，歡喜互動。（攝影：游錫璋）

鋪天蓋地而來……

莫拉克颱風襲臺，造成南臺灣災情慘重超乎想像，甲仙鄉小林村、那瑪夏鄉民族村及六龜新開等部落土石漫流幾近滅村，山區的多所學校校舍損壞，救援直升機盤旋在旗山國中操場上空，朱妍綸和尋找學生下落的老師們，身心煎熬地等待著看到熟悉的臉龐。

救災如火如荼地持續進行，隨著開學時間逼近，政府以「聯合復學」方式，將校舍毀損的桃源鄉桃源國中及桃源、樟山、興中、建山等四所國小暨附屬幼稚園的學生，集中在和春技術學院旗山分校復學上課，只是如此一來，孩子就讀的學校與家長安置的地點相距太遠，所有的學童只能全部住校，直到週五放學後才回到安置地點與家人相聚。

八月三十一日開學當天，朱妍綸趕了個大早來到學校，晨光輕灑，偌大的校園裡寥寥幾位工作人員忙碌著，成堆的物資堆放在走廊上……一輛輛遊覽車帶來各安置點的學童們，他們對新環境充滿好奇和不安，不時地東竄西闖，帶隊的老師們只能拉開嗓門喊：「回來！排好隊！」「安靜！」加上各校之間尚未建立默契，整個報到過程忙碌又混亂，朱妍綸想與校方討論慈濟的支援規劃，但是校長根本沒有時間和她談。

一連三天，朱妍綸每天很早就到學校，看著校方人員忙進忙出，心裡想幫忙又怕打擾他們工作，她一個人站在玄關等待，有人竊竊私語地談論著：「那個朱妍綸，放著校長不做，傻傻地站在那裡，還拜託人家把事情讓她做……」這些耳語並沒有讓她打退堂鼓，而是更加堅持著。

放學了，幼稚園及低年級的孩子，駐足校門口張望著，有孩子按捺不住失望號啕大哭起來，「媽媽怎麼沒來接我？」身旁一位大孩子急著安撫：「你乖！過幾天哥哥就帶你回家……」這一切看在眼裡的朱妍綸，不由得走近輕摟孩子的肩，孩子那隱忍著淚漲紅的臉，讓她看了滿眼心疼。

那一夜朱妍綸在床上翻來覆去，起身踱步到窗前，望著薄薄的月光，腦海裡盡是孩子的淚眼——「為什麼不能回家？」「我想爸爸媽媽，晚上只能躲在被窩裡哭。」安置學校裡老師的忙碌身影也在腦海中揮之不去……忽然間，她靈光乍現，「啊！慈濟教育團隊的老師們可以利用晚上去陪孩子啊！」朱妍綸告訴自己：「一定要趕快讓慈濟的安心輔導計畫走進學校。」

朱妍綸跟校長談了她的想法，並保證慈濟絕對不會干擾到學校的行政，主要是讓學校的老師有一個喘息的機會，同時協助學校安撫孩子們憂煩躁動的情緒，深為這些問題所苦的校方答應了，朱妍綸隨即將教聯會老師及社區志工組織成教育團隊，針對不同年齡的學生設計不同的才藝課程，利用週三下午為孩子上課；然而，朱妍綸更想著力陪伴的是

朱妍綸（右）與朱妍綾（左）這對雙胞胎姊妹演繹戲劇《機智無私的老人》之後，相約繼續傳法。（攝影：李漢章）

予樂拔苦 同造愛的世界
惟諦攝影2017.11

孩子晚間留校的時間，人力捉襟見肘的校方答應由慈濟教育團隊接下星期一到星期四的夜間課輔，只是朱妍綸沒想到，教育團隊即將接受山上學童給的「震撼教育」！

「老師，他打我！」「是他先罵我！」教室裡幾個孩子因為小事吵了起來；不想上課的孩子一溜煙地跑到走廊上蹓躂嬉鬧，頭髮斑白的教育志工一邊追，一邊喊著孩子回教室上課，好不容易將他們一一帶回教室，另一頭又有幾個孩子把水桶當帽子玩起遊戲來，學生時不時地在教室內隨興走動，甚至爬窗跳了出去，跟老師、志工上演著你追我跑的戲碼，這種景況讓慈濟教育團隊不

---

朱妍綸說明《當教育遇上無量義經》出版的緣起和過程，在經文中落實教育；在教育中見證佛法。(攝影：陳延盛)

朱妍綸、朱妍綾討論《無量義經・十功德品》分享大綱。(攝影：李漢章)

導引下的「教育面向」
分享者 朱妍綸

只是身心俱疲，甚至想舉白旗投降。

「這些孩子一刻也靜不下來！」幾位老師唉聲嘆氣地說著，朱妍綸笑笑地說：「他們是山上的孩子，來到了陌生的都市環境，精力無從發洩，應該給他們時間適應。」幾番來回討論，幾番彼此打氣，大家決定打起精神，並以「團體輔導」與「個別輔導」交互運用，當一切漸上軌道，新流感病毒的肆虐，讓興中及樟山國小的師生們搬遷至大衛營山莊上課，課輔活動又面臨新一波挑戰。

為因應兩個地方十幾個班的輔導課程及星期三下午的才藝班，教育團隊的志工需求量突然大增，朱妍綸於是尋求慈少、慈青、親子班、教聯會、大愛媽媽等教育功能團隊各方人力支援；那段時間，志工及課輔老師們總是一下班就趕到高雄靜思堂集合，分乘兩部遊覽車趕往各自的目的地，車窗外夜色攏至，大家一邊在車上用餐，一邊討論著當天的教案，當夜色如墨時，返回高雄靜思堂的遊覽車上盡是一個個疲累的身影。

朱妍綸看著車窗倒映出花白頭髮的志工、沉穩的教聯會老師、深藏才藝的大愛媽媽、青春而猶帶稚氣的慈青……她這才驚覺——涵蓋慈少、慈青、親子班、教聯會、大愛媽媽等高雄教育功能團隊，在課輔人力支援中，已將原本各自功能分工運作統合在一起，做到了「課程整合」、「共修整合」、「會議整合」、「活動整合」，而此運作模式更達到了「人力整合」、「人心整合」；高雄因為一場災難，而在不知不覺中達成全臺灣首次的「教育功能整合」，直到這時，朱妍綸終於理解上人的用意及智慧。

隨著杉林大愛園區永久住宅完工，學童從臨時安置學校撤出搬到新環境，依然充滿著不適應，學習也無法跟上，原本暫時卸下任務的高雄教育功能團隊，在與教聯會志工吳炳輝策劃下，二〇一〇年三月十日，再次成立「杉林大愛園區安心課輔」，每次上課前朱妍綸和老師們總要沿街摸巷，挨家挨戶地把學生找來，孩子來了，卻無法靜下心來。團隊想出各種辦法，最後請慈濟志工王萬全指導學生獨輪車活動，成功地吸引孩子的參與，原本一週一次的課輔很快地增加為一週五天的夜間課輔。

時光荏苒，歲月在指縫間流洩，莫拉克風災至二〇一七年已八年了，朱妍綸依然帶著教育團隊，披星戴月地奔波在高雄與杉林路途中，杉林長青樂活班、婦女成長班也因為孩子的因緣相繼成立，她相信這一株株從山林來到杉林大愛園區，易地而植的新苗，一定能在驕陽下茁壯成長。

## 勤植法苗望成林

「夜闌長空燦爛，銀河繁星點點……」暮色輕攏，演繹練習的莊嚴樂音，從高雄靜思堂三樓講經堂流洩下來，靜定無風的大愛廣場上，背著筆電雙手環抱資料的朱妍綸快步走過，一場法繹導讀人員的共修正等著她。

二〇一一年開春，證嚴上人因感世事紛擾，天災人禍不斷，期許人人能深入經藏，發自內心大懺悔。三月慈濟全臺各地志工啟動《慈悲三昧水懺》經藏演繹，參與演繹的人除了必須了解佛典意義，更要虔誠齋戒。此時，因杉林大愛園區課輔上軌道而鬆口氣的朱妍綸，馬上在志工林金亮和葉秀英的邀約下，承擔起法繹導讀人員。

為因應各社區對水懺法繹導讀需求，朱妍綸必須跨區到其他社區讀書會協助導讀，發現法繹導讀人員明顯不足，幾番思忖，她開始藉由讀書會邀約各區志工承擔導讀人員，「我不是老師啦！你不要叫我上臺說話……」「佛法很深，我無法將上人所講的法詮釋出來。」面對大家的退卻，她總是耐心地鼓勵，「你說得很好！但這裡是不是可以再多加一些佛法印證？」共修中，朱妍綸看著一位位志工分享試講，適時提供意見，彼此激盪心中想法，提升導讀人員的信心。短短幾個月，高雄法繹種子在朱妍綸帶領的課程培養及實務運作中，以及諸多善知識成就之下，如春苗般在各社區滋長。

書桌上白瓷杯裡的茶湯在燈光下飄著裊裊熱氣，她時而停下來翻閱經典查出處，一會兒上網搜尋影片，再一筆一筆彙整建檔，恍若孤軍奮戰的她，卻一點也不覺得孤單，「噠、噠——」敲擊電腦鍵盤的聲音，總讓她想起幾位不會操作電腦的法縷導讀學員，每每在共修中，滿臉專注地以「一指神功」敲打鍵盤學習的樣子。

二〇一三年朱妍綸被推舉承擔高雄區法縷組窗口，日子一樣忙碌，但她發現《無量義經》和教育是相應和的，於是帶動教聯會老師參與《無量義經》共修，並將老師們寫下的心得編印成冊。二〇一四年十二月，朱妍綸和陳也春來到花蓮靜思精舍，她喜孜孜地將印好的《無量義經心得》恭呈給上人，「老師們有『薰法香』嗎？」上人問著，她愣住了。從花蓮回到高雄的路程上，她不停地思索著上人的話語。

半年後，以「閱讀經典、深耕教育」為主，從生活中列舉事例對應經文的《當教育遇上無量義經》，以及涵蓋上人開示手札和重點，與個人行解體悟的《教師聞法札記》兩本書印製出來了；朱妍綸將這兩本書帶回花蓮恭呈上人，看到了上人臉上欣慰的笑容。

「朱校長好！」有一天，朱妍綸開車到鳳山聯絡處上課，剛走下駕駛座正準備關上車門時，聽到有人向她打招呼，忽地一個念頭閃進她腦中——「邀約委員師姊寫聞法札記也不錯啊！」她快

結集自高雄區慈濟志工的「聞法札記」——《再一次認識自己》，於二〇一八年正式出版發行。（攝影：李漢章）

二〇一八年三月二十五日高雄區教育功能團隊演繹《父母恩重難報經》，朱妍綸與臺下觀眾共勉「行善行孝不能等」。（攝影：蘇昱維）

再一次認識自己

步跟了上去，劈頭一句話：「您們有『薰法香』吧？」

對方一臉霧水地點頭，朱妍綸滿心歡喜地繼續說：「那可不可以來寫『薰法香』心得？」

有人一臉為難地說：「不要吧！我不會寫啦！」

朱妍綸不死心地繼續勸說：「試著寫寫看嘛！不寫您怎麼知道自己不行？」有人拗不過她的纏功，只好應允嘗試看看。

從此之後，朱妍綸見到人都會問：「您有薰法香嗎？可以來寫心得喔！」消息傳開，許多人都說：「小心碰到朱校長，她會叫你寫心得。」幾個月過去，朱妍綸默默將好不容易搜集來的「薰法香」心得整理成兩種版本，一是教師聞法札記，一是委員聞法札記，當她將這兩本呈給上人時，沒想到上人對朱妍綸說：「繼續寫，將來出書。」突如其來的囑咐，她傻傻地答應下來。

若要將「薰法香」心得寫成《聞法札記》並不容易，除了要記錄上人開示的手札、經文出處、上人開示重點，還要有個人行入及體悟，她發現有些人費時一兩個月還是寫不出來。一向和她共事的妹妹妍綾了解姊姊的苦心，故意反問她說：「妳一天到晚叫人家寫聞法札記，人家寫不出來，還硬要人家寫。」朱妍綸心裡雖糾結，但仍帶頭做，為了鼓勵大家寫，就算一篇心得寫五十幾個字，她也照單全收。

天光未至，巷子口的路燈還灑著光暈，朱妍綸掀起被褥下床，輕手輕腳走出房間，簡單梳洗後走進書房，動作熟稔地開啟電腦，端坐等待上人的那一句：「各位同修……」她如常地做著筆記，忽然聽到上人說到〈法師品〉的「大慈悲為室，柔和忍辱衣，諸法空為座，處此而說法……」心頭震了一下，「這不是教聯會會歌中的一段歌詞嗎？」她邊記筆記邊流眼淚，心裡吶喊著：「弟子的根機太愚鈍了！」原來教聯會一九九二年成立當時，上人就已經明白地告訴老師們——《法華經．法師品》的真諦。

朱妍綸一方面繼續推動社區讀書會，一方面積極參與國際賑災及文化交流，二〇一五年在尼泊爾因賑災因緣，有感於孩子教育的重要，與妹妹朱妍綾和周慧貞老師，以及慈濟志工共同推動成立教師聯誼會，二〇一七年更將《聞法札記》帶往中國大陸分享推廣。

雖然日子一樣地忙碌，朱妍綸沒細數推動過多少團隊，但當她翻閱著七十歲環保志工陳武良的〈聞法札記〉時，腦海中卻浮現第一次訪視的老爺爺個案，一樣的年歲，卻是不同的境遇及智慧……當初為外公植福的一念，讓她心中善芽萌發，而今她期許自己能將法苗根生廣植，蔚然成林。

# 寧願燒盡

# 不悔

農夫與她的田——吳佳霖

敲門——羅千枝

顧厝的人——江淑清

吳佳霖關懷異鄉人（蕙質蘭心外籍配偶成長班學員），一個個擁抱，一聲聲「慈同媽」，溫情流注彼此心中。（攝影：王女惠）

# 農夫與她的田——吳佳霖的故事

文◎陳秀雲

## 【吳佳霖小檔案】

一九四九年出生於高雄縣彌陀鄉，與父母、祖父母三代同堂，一家和樂。父親在鐵路局上班，家裡開雜貨店，吳佳霖從小話不多，但身受樂於助人的母親影響，她一直都保有古道熱腸的真摯情懷。一九七〇年結婚，育有一子一女。原服務於縣立岡山醫院管理病歷，一九八六年加入慈濟，總是隨身攜帶剪貼簿，只要有機會，逢人便介紹慈濟、說慈濟，在尚未受證成為慈濟委員時，她便在鄰里社區舉辦茶會，邀約更多人加入助人行列。一九九四年岡山大水災，她看見人間苦難，更加篤定自己一生追求的目標，在徵得家人同意後，毅然辭去工作，全職投入慈濟志工行列，把握因緣，傾其一生，當個有溫度的「箍」——守護道心、守護社區、守護異鄉人。

她每天都歡歡喜喜地，沒有想到要得到什麼，也沒想到要比較什麼，同平常一樣和同事道「再見」回家來，紗窗外依然是燦爛的夕陽……

夏日，天暗得慢，吃過晚飯，是電視新聞播出的時間，主播說著：「女人有所愛，愛漂亮、愛跳舞、愛賭博……」她轉身對先生鍾明雄說：「你的老婆最愛拜佛。」他看了她一眼，沒說什麼，雖然知道先生平常話就不多，更不擅表達，但對於他的毫無反應，她仍然有點失望。

## 朝耕暮耘不畏苦

吳佳霖生活在佛教家庭，自認懂得佛法，但結婚後，因為先生的好，讓她甘願被情綁住，她一直認為自己的人生很幸福，卻缺少心靈的依歸，直到妹妹向她提起花蓮有一位師父要蓋醫院救人……

一九八六年，吳佳霖與二姊吳桂霞應大嫂之邀到花蓮靜思精舍朝山，那一天，她在悸動中皈依了證嚴上人，也從精舍帶回一本厚厚的《慈濟叮嚀語》，她將它撕成三份，姊妹三人輪流看，當吳佳霖讀到一九七三年娜拉颱風在東部造成六十八人罹難的大災難，那時的上人沒錢、沒人，卻仍要救災的堅持，不知道為什麼，她竟放聲大哭起來，在心中告訴自己：「師父，我要募很多錢給您救人，要邀約很多的菩薩，綿綿密密庇護眾生。」

吳佳霖在醫院負責管理病歷，她天生有張圓滾滾的臉龐，任誰見了都覺得親切。整理完病歷資料，她看到門診大廳裡有著不少人，吳佳霖自自然然地牽起一位阿嬤的手笑著說：「早安！我們好像在哪裡見過？您是彌陀人嗎？」說話的音調拉得長長地，讓人覺得她似乎還有話說而難以拒絕，「生病一定很苦，希望您趕快好起來。」吳佳霖安慰老人家，阿嬤反握著她的手，笑得靦腆……

「我皈依的證嚴法師，在

一九八九年，吳佳霖於岡山醫院會議室舉辦社區茶會，邀請北區慈濟志工林勝勝、林智慧、文素珍、林幸惠分享慈濟故事。（圖片提供：吳佳霖）

花蓮蓋醫院救人，希望大家出錢出力幫上人做好事。」一九七九年，上人決定在醫療極度缺乏的後山花蓮，興建大型醫院，吳佳霖逢人就介紹慈濟，勸募建院善款。「醫院蓋在花蓮，我看不到，也用不到啊！」純樸的阿嬤一臉疑惑。

「捐錢蓋醫院，是種『健康因』，不是等著用；沒用到，就表示您很健康喔！」吳佳霖一臉笑意地回答。

為了幫上人募款，只要有機會，吳佳霖一個都不想錯過，面對各式各樣的質問，她不僅沒生氣或氣餒，總是拿出隨身的剪貼簿仔仔細細地解釋，嘴邊噙著的笑意從未退去，親切的態度讓很多病人及同事加入慈濟成為會員；她收募善款的足跡遍及當時的高雄縣阿蓮、湖內、路竹各鄉鎮，甚至遠到臺南。

二月裡，天陰風寒，靠海鄉間的木麻黃早就黃葉落，樹冠已禿，一旁的田地乾涸龜裂，一片蕭瑟，吳佳霖風塵僕僕地從岡山騎摩托車來到路竹，在錦秀家的大庭院前停下車子，拿著兩本《慈濟月刊》，邊喊著：「錦秀，我來了！」順手將月刊及功德款收據交給忙不迭剛開門的錦秀；錦秀泡了茶，茶香溢滿客廳，吳佳霖喝了一口說：「茶真香！很巧，

一九九四年道格颱風造成岡山鎮嘉興里水患災情嚴重，吳佳霖（右三）陪同證嚴上人關懷受災鄉親。（圖片提供：吳佳霖）

這一期的月刊，上人有開示——茶葉要用滾燙的水沖泡，才會有茶香；這就跟做人一樣，要忍辱，才會散發德香……」一提到上人，她一逕地說個沒完。「師姊，這是這個月的功德款……」接過功德款，吳佳霖心想：「難道是怕我說太久，叫我快點走的意思嗎？」

就在她想起身的時候，隔壁鄰居突然跑來，劈頭就問她：「師姊，觀世音菩薩是男的還是女的？」

「沒有男女相，證嚴上人說：『人人伸出了雙手幫助苦難，那就是觀世音菩薩千手之一。』」吳佳霖邊說邊想：「這個人一定是故意考我。」她還想多說些話，那位陌生人只說了聲：「真多謝。」之後，就像一陣風一樣離開了，她感到有些錯愕，她沒想到，沒多久，這位素不相識的人竟捐出了一整年的功德款，成為她長期的慈濟會員。回家的路上，看著光禿禿的田，吳佳霖不由自主地停下摩托車，她心裡想著：「這畝田正靜靜地等待著三月春來的插秧吧！」

黃昏來臨，空氣中有一股向晚時分特有的清新，吳佳霖若有心事地想著：「今晚得早一點打理好家事……」黑暗滲入玻璃窗來，她拿著「功德簿」伏在桌上仔細核對著收回來的善款。

「這裡抄錯了！」她背後突然傳來鍾明雄的聲音。

「沒關係，塗掉重寫就好。」

「師父不是教妳們要『誠正信實』，數字塗塗改改，哪會有什麼公信力？」鍾明雄義正詞嚴地說，對於他的見解，吳佳霖只能在一旁傻笑；這樣的事件經過一次、兩次，抄功德簿的工作不知何時開始，變成由鍾明雄一手包辦，她在心裡偷偷地拍掌歡呼著。

「最近做慈濟順利嗎？」二姊吳桂霞突然問著她。「很好呀！有時候半個小時就可以募到二十個會員。」吳佳霖心中有一個小小的問號——「怎麼了嗎？」

桂霞傾著身，將椅子往前挪，小聲地說：「妳先生前陣子有跟我提起，家裡三餐的菜色愈來愈差……」

吳佳霖不安地吞了吞口水，「他懷疑妳倒貼了功德款。」桂霞斜睨著這個對數字一向不精明的妹妹。吳佳霖想了想，然後仰天大笑起來：「難怪他會主動幫忙抄寫功德簿。」鍾明雄早就知道，遇到功德款短少時，太太就拿買菜錢填補的秘密。

吳佳霖總認為自己要先「考取」慈濟「執照」——「修養」、「自信」，才足以受證成為「慈濟委員」。她從慈濟訊息中看到志工林勝勝、文素珍辦茶會「說慈濟」，她便親自拜訪林勝勝學習如何辦茶會，臺北、高雄來來回回，她不覺得辛苦，反而覺得像出國「深造」，在臺北慈濟志工的身上，學習到原來辦茶會不是純泡茶，最重要的是要有慈濟「人文」，她開心極了。

回到岡山後，吳佳霖像個彎著腰認真插秧的農夫，一場接著一場籌辦茶會，從早上到晚上，從校園到社區，從高雄到臺南；走到哪裡，茶會就辦到哪裡，一年裡，南北縱橫數百場……「師父，今天我們有到學校、中船辦茶會……」皈依後，吳佳霖雖然很少再回到花蓮，但都會寫信給上人，報告這段時間來都做了些什麼，就像離鄉的孩子向母親道平安一樣。

那一次，她再次到臺北找林勝勝「深造」、「考執照」，剛好碰到上人行腳，林勝勝向上人報告：「這位就是在高雄岡山社區很會辦慈濟茶會的師姊，她還沒受證。」上人看了跪在一旁的吳佳霖，輕聲說著：「妳應該出來受證。」說完，上人拿起桌上的藍色絲絨慈濟髮飾，直接別在她的頭上，點點頭說：「這個好看！」第一次師徒這麼親近，吳佳霖忍不住抬起頭，接觸到上人的眼神是那麼地慈祥，像自己的母親一樣，一時之間，似有什麼東西卡在喉嚨，一句話也說不出來……一九九一年，她受證成為慈濟委員，法號「慈同」。盼望了五年的「慈濟志業」就要從現在開始，她較少再到臺北，反而常常往花蓮去。

## 良田盡沒湧現愛

八月的盛夏，花蓮下起了間歇性大雨，正在靜思堂參加教師「學佛營」的吳慈同並沒有想太多，直到營隊結束要回家時，先生打來電話說：「岡山淹大水，妳可能回不了家喔！」「怎麼又淹水？」她忍不住埋怨。岡山是個平原地形，每到汛期，河道宣洩不及，良田盡成汪洋，居民對於住家淹水已是司空見慣，但是一九九四年八月，「道格」颱風挾帶豪大雨量，重創高雄縣岡山鎮，全鎮三十五里有三十個里泡

一九九七年溫妮颱風帶來豪雨，岡山慈濟志工為災民送便當。（圖片提供：吳佳霖）

在水中，縱貫鐵公路、高速公路交通全部癱瘓。吳慈同和幾位岡山區的老師們從花蓮不停地撥打電話，詢問航空公司、火車站、志工家裡，他們判斷電話會通的地方表示沒淹水，無奈淹水的情況已超乎想像，最後他們只能買到八月十三日直達橋頭鄉的火車票。

大家在橋頭火車站下車，當晚有六人借住洪逸蓁老師家，吳慈同從先生那裡得知，這場大雨，讓所有住戶的家中炊具用品全部泡在水裡，里長發給每戶一條土司麵包，許多家中有孩子的幾乎都吃不飽；當時高雄分會尚未成立，志工人力有限，更沒有大型救災經驗，幾個人討論到深夜，不知道從哪兒做起，於是決定向精舍的常住師父們求救，精舍傳來訊息告訴她：「盡快煮熱食發放。」

黎明的第一道曙光自窗外斜射進來，吳慈同幾人準備集結物資、煮熱食救助災民，她覺得這麼大的災難，不是六個人就可以完成的，於是請梓官鄉的志工邀約會員來橋頭幫忙，也打電話到鎮公所「救災中心」，告知慈濟要發送熱食，請他們派車來橋頭載，梁千葉老師掏出身上所有的現金五千元，就在吳慈同一個口令下，分工採買礦泉水、麵包、粽子、飯糰……才一會兒工夫，陽光逼近門檻，她心一驚：「時間不多了。」三步併兩步朝市場方向走去，簡單買了幾顆高麗菜、紅蘿蔔，就在洪逸蓁家先炒起麵來，原本打算向附近鄰居借用大鍋子煮飯，洪逸蓁走訪一圈回來，大汗淋漓地說：「每個家裡都是用電鍋煮飯，沒有大鍋子。」擔憂借不到大鍋已成了事實，「快！洪老師您去告訴鄰居，岡山大水災，好多人沒有東西吃，志工要煮熱食，需要每戶用電鍋煮一鍋飯來幫助災民。」吳慈同想起《地藏經》中所講述的「當度未度」，希望引導出更多的力量，守護岡山這塊「大福田」，而一鍋鍋熱騰騰的白米飯，就這麼從大街小巷裡傳遞出來。

戶外三十幾度的高溫，曬得人頭昏眼花，廚房內的排油煙機仍是「轟──轟──」響個不停，一盒盒的便當已裝在籃子裡，吳慈同再打電話到救災中心，電話卻已不通，苦於大水中無交通工具可以運送，高雄訪視組志工郭麗永請求軍方支援，中午時分，高雄左營海軍三棲部隊出動大卡車、橡皮艇，由大隊長率領著二十位弟兄前來，與志工結合，由村幹事帶路，開始發送便當及物資。

「慈濟送熱食來了，拿桶子來裝喔！」飽受斷糧斷炊之苦的災民將水桶從二樓吊掛下來，沒有桶子的，志工將食物緊緊地用繩子繫在竹竿上，再撐到二樓，有的人直接踩在浪板製的屋頂上拿著熱食……送熱食的消息經災民口耳相傳，在災區供不應求，煮熱食的場地不敷使用，於是八月十五日在嘉興國小附近的空地成立慈濟救災中心，繼續供應熱食；有了固定駐點，來支援的志工更多，吳慈同放下鍋鏟，改守在救災中心顧前看後，她一直小心翼翼，將物資分類，教志工製作表格，依時間、地點、數量，對物資及熱食做詳細記錄，她想的是如何將救災做得面面俱到。

「聽說鄉民與部隊吵起來了……住在五甲尾的居民已經習慣淹水，不願意接受熱食……」聽到志工議論紛紛，她決定坐上軍方運送便當的卡車，一同至現場找出原因。

大水淹沒交流道，卡車必須繞道經過「大庄」，大庄內的住家雖然還未淹水，但也岌岌可危，居民看著門前的滾滾泥流，個個人心惶惶，卡車到達庄內，迎面而來的是村民們拿著鏟子、斧頭、鋤頭，排成人龍阻擋著，有人喊：「水不要淹到我們家的鐵門。」忽然一塊石頭擲來，「噹」一聲，直擊車門，倏溜溜地，滑入水中。

坐在卡車內的吳慈同，裝作沒事地打開車窗說：「很抱歉！我們要載便當過去給沒有東西吃的災民，車子會開慢一點，保證水不會打壞你們的鐵門，感恩！」她頭轉向一旁的駕駛刻意大聲說著：「我們車子開慢一點。」卡車緩緩地行駛水中，吳慈同心中默念：「阿彌陀佛！」那群人個個睜大眼睛，看著卡車經過，僅留下淺淺的一道波紋。

搭車再換橡皮艇，空氣像加了醋，酸味一陣比一陣濃；橡皮艇駛入狹窄的巷弄發送便當，沿路雞、鴨死屍飄浮水面，電線桿交錯倒在水裡，橡皮艇突然停了下來，「那邊看起來像廢墟一樣，不會有人住。」掌舵的阿兵哥準備掉頭，「既然都到這裡了，去看看是否有人住，花不了很多時間的。」吳慈同誠懇地拜託大家再辛苦些，橡皮艇慢慢彎進小路，隱約看到前面地勢較高的地方露出了屋頂，看似無人煙的地方卻住著一對年邁的夫妻，屋內大量泥沙淤積，地上只鋪著一塊塑膠布當床鋪；吳慈同涉水送上了便當與物資，老夫妻見到終於有人來關心他們，忍不住紅著眼眶訴說幾日來的處境，吳慈同拍拍阿嬤的手，自己也忍不住鼻酸。

回到救災中心已是黃昏，岡山鎮鎮長石丁玉憂心忡忡地走進來說：「慈同師姊，潭底里水淹三樓高，很多人還是沒有便當吃……」儘管很累，她依然調度兩艘橡皮艇，由石鎮長帶路，自己與鎮長坐在同一艘橡皮艇上送便當。

天色愈來愈暗，好不容易進到如同孤島的潭底里，就看到災民站在陽臺上翹首等候，大家將便當送到每一雙伸長的手中，「我們的石鎮長來關懷大家喔！」送上便當時，吳慈同總是會這麼地補充一句，為大家打打氣。

「這是花蓮證嚴法師派他的弟子來幫助大家的。」沒想到石鎮長馬上接著說，兩個人在搖晃的橡皮艇上彼此會心一笑，一個又一個的便當，串流的是一次又一次的「愛的循環」。

## 為播善種開阡陌

一九九四年的「八一三」岡山大水災，是岡山區慈濟志工第一次投入大型救災，證嚴上人也親自南下勘災。整整十天，志工們不間斷地在災區提供熱食、白天走訪災區、晚上定點勸募、舉辦茶會……吳慈同時而帶領大家走在第一線，時而隱身幕後膚慰陪伴；這場災難讓她看到志工平時深耕社區的力量，但也讓她對無常人生有更深的感觸，她決定向家人告白：「我想辭掉工作，專心做慈濟。」說完心裡的話，一顆心噗通噗通地狂跳。這一年，吳慈同在婆婆的支持下辭去工作，拿著原本預計買房子所存的錢，參加了她生平第一次的「國際賑災」。

飛掠異國山河，每一個賑災行經之處，人間苦難彷彿永無窮盡，但是每一次的擁抱膚慰，都讓吳慈同心中升起更大的能量，她知道「慈濟」是一塊「大福田」，她終究要回到屬於她的那片田。

一九九七年，稻浪翩翩的季節，全球慈濟志工開始組織改造，依行政區及地緣考量落實社區志工的理念，高雄分成二十個組，吳慈同被選為第一組組長，範圍涵蓋岡山、旗山等二十幾個鄉鎮，沿海又環山，幅員遼闊，但是岡山的慈濟委員很少，推動起來並不容易，沒有壓力是騙人的，但她心裡並不害怕，因為上人曾叮嚀她——「借力、使力、集大力」，她心中開始有「向下扎根，往上茂盛」的規劃；以竹圍里為中心，每一個活動都有一位慈濟委員或慈誠隊員成為負責帶動的種子，當種子成為秧苗，

二〇〇六年岡山蕙質蘭心外籍配偶成長班學員邱高見與阮氏好於九月中旬前後產下男嬰，慈濟志工送上滿滿的祝福。（攝影：藍景源）

二〇一六年，岡山區蕙質蘭心外籍配偶成長班的學員到臺南教養機構關懷，吳佳霖先將物資排列整齊，並向在場的學員說：「送給別人的物資要分類、排列整齊，這是尊重，也是慈濟人文。」（攝影：莊慧貞）

只要給予空間就能長成纍纍稻穗，於是從岡山區竹圍、嘉興、本州、華崗、後紅五個里開始帶動量血壓服務；路竹、阿蓮區辦茶會；燕巢區推動榮民之家關懷；甲仙、桃源區則是中醫義診。

另一方面，她帶著老師及志工一一拜訪鎮長、鄉長、里長，為商借活動場地打下基礎，緣於岡山大水災，許多人因而認識慈濟，不僅公部門認同慈濟的救災模式，岡山鎮長石丁玉更是無條件提供「婦幼館」給慈濟使用。於是書法班、讀書會、相聲、扯鈴、手語、法器共修，一個個相繼成立，整個岡山地區的慈濟活動，推廣得欣欣向榮，全臺灣第一個「慈濟兒童生活育樂營」就在岡山舉辦。

種子愈撒愈廣，人才愈來愈多，李呂鶴家的佛堂已不敷志工開會使用，這時傳來前峰國小願意將活動中心借給慈濟使用……

天色已經暗了許多，志工準時到前峰國小準備開會，卻見大門緊鎖，時間一分一秒地過去，蚊子愈來愈多，吳慈同自責沒有事先再確認場地，沒能將事情處理圓滿，胸中一口氣憋得飽漲，好不容易才沒讓淚水流下，「不能哭，一定要幫大家找到一個可長可久的『家』。」她在心中發願；但此時，還有一項前所未有的任務，即將排山倒海地衝擊著她。

從來光線不足的後紅聯絡點的佛堂裡，今晚來的志工特別地多，有人托著下巴靜靜地坐著，有些人則窸窸窣窣地談著，隱隱有一股緊張的氣氛流動著……吳慈同在這一晚的會議中，發布了慈濟本會要求落實社區分組的訊息，話聲剛落，周遭瞬間議論紛紛，「做得好好的，為什麼硬要將我們拆開？」有人不解地質問，「『互愛』組為什麼要再拆什麼『協力』組？我不回歸協力組！」整個佛堂裡像個大漩渦，每個人都被捲入。

站在最前面的吳慈同萬萬沒有想到大家竟然不能理解上人的期待，她的千言萬語化為烏有，她往前踏出一步，想看清楚大家的神情，但卻像是隔著濃霧般，個個面目模糊，只有坐在右邊靠牆角落的洪逸蓁轉過頭，給她一個鼓勵的微笑。吳慈同深深吸一口氣，對著志工說：「沒關係，大家第一次接到回歸社區的訊息，難免都會緊張，請大家回去再想想看。」會議在嚴肅的氣氛中結束。

那一晚，她坐在床頭，心中湧現著這段時間所發生的事情，

圓滾滾的身軀，時時笑容滿面的吳佳霖是蕙質蘭心外籍配偶成長班學員口中暱稱的「慈同媽」。二〇一六年，岡山區蕙質蘭心外籍配偶成長班的學員到臺南教養機構關懷，吳佳霖帶動教養院的成員團康活動。（圖片提供：吳佳霖）

丁氏鶯
靜寂清澄

她心頭一陣酸楚，仰頭對著夜空問：「師父，我哪裡做錯了嗎？」她在迷迷糊糊中睡著，夢見上人對她輕輕地唱著：「智慧日月，方便時節，扶疎增長大乘事業，令眾疾成阿耨多羅三藐三菩提，常住快樂，微妙真實。」吳慈同驚醒過來，「這經文好熟悉……」她努力在記憶裡搜尋，一溜煙下床，趕快去翻閱《無量義經》。

夢中上人所唱誦的，正是無量義經〈德行品〉裡所記載其中的一段，她細細咀嚼這四十二個字，她懂得了，是自己沒有智慧，操之過急，才會有這樣的反彈，她笑，心寬了，但卻分外地想念上人，每當思念湧上心頭時，她就會去看那一卷記錄著靜思精舍「打佛七」的錄影帶；影帶很舊了，還有磨損的痕跡，可是上人關愛悲憫的眼神，依然清晰可見，就如家中的慈母一般，她告訴自己，不論是找尋共修處或分組，都要讓所有志工有「回家」的感覺。

她突然想起那塊地，連忙騎著車出門，車子像猛獸般地狂號著，由她身後颳過去；從地下道上來，一處看似廢棄的三合院被雜草覆蓋，時當薄暮，天邊起了一點風，遠處近處的景物交錯飛舞……多次經過這裡，吳慈同總會在心中問：「這塊廢棄的三合院是誰的？」

那一晚，她到剛從澳洲回臺的企業家蘇琪明夫婦家，開口想請他們捐一臺電視音響，沒想到蘇琪明卻答非所問地說：「在後紅里那裡的聯絡點太小了，連轉個身都困難，我們在竹圍里有閒置的三合院，可以翻整後給大家使用。」他口中的三合院，竟然就是那塊吳慈同一直關注的「廢棄三合院」，一直尋覓土地不著的吳慈同，強自鎮定心中的澎湃問：「是要捐？還是借？」

「捐！」蘇琪明很肯定地再說一次。

整地、除雜草，原本廢棄的四百一十坪土地展現新樣貌，空地上不只闢了一座荷花池，志工們還發起「一人捐一棵樹」的活動，在眾人引頸企盼下，古色古香的三合院共修處終於啟用了，岡山區的人氣愈來愈旺，以三合院為中心，開始擴辦親子成長班。吳慈同整合人力，將教聯會、慈青兩大教育功能組織結合二十三個鄉鎮志工，資源共享，透過教育與人文，接引更多人投入慈濟這個大家庭。

蘇琪明看到志工投入的情形大受感動，他認同吳慈同所提——不要當浮萍，要為大家找一個更大且長久的家；在他牽針引線下，二〇〇五年十一月，佔地八點八八公頃的慈濟「岡山志業園區」啟用，園區的前身是「高雄縣私立立德高級商工職業學校」，現成的教室與各項設備樣樣俱全，親子成長班、環保站、蕙質蘭心班等，陸續回歸園區。

夕陽西下，微風輕送，結束一天的忙碌，西斜的落日餘暉

二〇一七年，阿公店扶輪社將召開年會，吳佳霖與獅子會幹部在岡山志業園區討論如何進行「奉茶」，結合茶道推廣慈濟人文，落實廣邀菩薩、庇護眾生的心願。（圖片提供：吳佳霖）

裡，吳慈同站在一大片金黃色的稻田前，安憩的金黃色有蜻蜓鼓動著翅膀飛舞著，沙沙的風聲吹來，稻穗款款擺動，迎著風就聞到泥土的香味，她噓了一大口氣，望著遠方美麗而溫柔的夕陽，喃喃自語：「我完成上人交付的使命了！」當初接任第一組組長時，慈濟委員並不多，現在已擴展到岡山及旗山兩個聯區，吳慈同認為——「有巢，就有鳥來住。」有了志業園區，慈濟歷史法脈就可以毫無間隙地流轉不息。

## 福田廣袤心無疆

梅雨無間無縫、黏黏濕濕地下個不停，大清早，工作團隊撐著傘，站在門口迎接學員，雨還是濕漉漉地搭在他們身上。二〇〇四年四月二十四日，「蕙質蘭心婆婆媽媽親子成長班」在永安鄉統一托兒所內開課了，吳慈同是總召集人，彭子芳老師成立課務團隊，總協調為陳嘉正、鄭春梅；另外還成立了隊輔、活動、總務、生活、香積、交通、影視組，這個特別為新住民而開設的班，以《慈濟月刊》為課本，以滿滿的愛陪伴來自異國的太太們打開心門，接受家人，接受臺灣。

淡紅的落日餘暉使吳慈同臉上的線條顯得特別柔和，托兒所的走廊在暮色中一片安靜，只剩下往來的腳步聲，看著志工走遠的背影，她不知不覺地想起兩年前的那場對話……一向熱心教育的彭子芳老師連珠炮地向吳慈同提起：「我表哥劉宏志在永安經營的托兒所，『外籍配偶』的孩子，都聽不懂老師講什麼。」

「學習程度有落差。」

「孩子的媽媽也很難溝通，幾乎是雞同鴨講。」

永安鄉是高雄沿海最小的鄉鎮，居民以鹽田及養殖維生，一九七五年政府在這裡成立了工業區，小鎮因此搭上了臺灣一九八〇年代經濟起飛的列車，一九八三年中油開始大規模興建海上防波堤，周邊興達火力發電廠、中油天然氣接收站進駐，改變了當地居民原本以農畜為主的生活面貌，大量外

一次難得的自強活動旅程，吳佳霖和先生鍾明雄徜徉山林，那山裡的味道，成為日後甜蜜的回憶。(圖片提供：吳佳霖)

籍勞工移入，而當地的青壯年為了成家立業，只能討娶「外籍新娘」，然後離開家鄉打工，獨留妻小守著荒涼的家。彭子芳無法忽視社會變遷帶來的教育問題，吳慈同也無法視而不見這些離鄉背井，嫁到臺灣來的外籍新娘，兩個人決定在永安鄉成立「蕙質蘭心成長班」。

每個夜晚，志工及托兒所主任劉宏志，在村幹事或村長的陪同下開始拜訪外籍配偶家庭，邀約他們參加成長班，「不在！」是最普遍的回應，即便被允許進入家裡，外籍配偶甚至躲在房間不出來，勉強出來的，卻是不說話，在一旁的家人總是會說：「她要帶孩子、要工作，哪有空上什麼成長班？」有時志工們說不到兩句話就被轟出來；有時被誤認為志工是來替慈濟募款的；有時則被質問是為了替托兒所招生。一個晚上下來，有時只拿到一份報名表，更常的是空手而歸，兩年的時間招生，好不容易得到二十九份報名表，達到可以開班的規模。

上課第一天，看到外籍配偶有先生、孩子，甚至公公、婆婆一家人陪同上課，所有的擔心都成了多餘。吳慈同看著這些來自越南、印尼、菲律賓及中國大陸的少婦，她們和臺灣有緣，所以嫁了過來，適應新的生活環境，是多麼地不容易。

陣陣海風帶著鹹味吹來，何鳳美板著臉、插著腰正在喝斥孩子；一九九六年她從印尼嫁到臺灣，先生雖然疼愛有加，卻在外地工作，一個禮拜只能回家一趟，在這裡，她沒有熟人，沒有對象可傾訴，平常不是生著悶氣，就是打罵孩子，親子關係劍拔弩張，婆媳之間少有交談，一家人生活得很不開心；那晚，何鳳美看著那張報名表思索良久……

何鳳美報到第一天，並沒有直接進教室，靠在窗臺上，一臉的憂鬱，聽著講師鄭春梅正在臺上分享「大愛無國界」，她臉上閃過一絲詫異，沒多久，人卻不見了，正在教室外招呼學員家屬的吳慈同，對於何鳳美的一舉一動看在眼裡，印象特別深刻。

二〇〇八年汶川大地震後，吳佳霖至四川協助災後復原工作，她到敬老院關懷老人家，將他們視為親人，傳遞真摯的溫情。（攝影：林櫻琴）

「鳳美，怎麼一個人在這裡呢？」坐在烘焙教室裡的何鳳美托著腮幫不說話，心頭似有千斤重的鬱積，吳慈同在她的身旁坐了下來，陽光在窗外的榕樹上閃耀，涼風挾著蛋黃酥的味道，「慈同媽，我昨天做了一天的蛋黃酥，要和大家分享，結果同學們都不捧場。」她滿腹委屈；成長班的學員來自不同的國家，各自有各自的煩惱。吳慈同找來了鄭春梅商量：「這些人需要的是『愛』，不用排太多技術面的課程，我們當她們的靠山，讓她們有傾訴的地方，就像回『娘家』一樣。」

清晨的空氣充滿沁脾的清涼，吳慈同與鄭春梅及蕙質蘭心班的學員二十多人，帶著奶粉、尿布、沙拉油、洗衣粉，到臺南一家教養院關懷，看著大家熱烈地投入，吳慈同卻轉身默默地動手整理學員隨手放下的物資，事後她和大家說：「這些物資包裝大小不一，要先分類好，擺放整齊，要有人文，慈濟在國外賑災也是這樣做。」學員們像聽話的小學生，伸長了脖子看著吳慈同每一個教導的動作。

亮晃晃的陽光中，萬里無雲，雖然不再承擔組長，年近七十的吳慈同仍然事事關心著岡山志業園區裡的大小事，慈誠幫忙維持交通；洪逸蓁值班諮詢志工；志工帶著親子成長班的孩子穿過榕樹，正準備去上課；大愛農場裡的南瓜籐蔓垂覆在木棚上；環保站的志工忙著搬運載回的回收物……

走上石階，她往「靜思茶道」教室走去，瞧見已退休的老鎮長石丁玉正靜靜地聽著朱玉娟老師說「蘇東坡與茶」的故事，八十多歲的他依舊清瘦、慈祥，吳慈同心頭暖洋洋地想起一九九六年，那年的賀伯颱風重創臺灣，石鎮長帶領著岡山三十五個里的里幹事，到各個里募款，款項全數捐給慈濟，她至今仍清晰地記得石鎮長對她說的話：「水災曾是岡山之痛，但有慈濟人的陪伴，卻成為岡山人之福。」

老鎮長一回頭，也瞧見了吳慈同，他朝她揮了揮手，彼此相視一笑，猶像當年兩人坐在救災橡皮艇裡的那一個會心一笑……「凡事皆有因緣」，吳慈同總是這麼認為。這些年來，儘管老了，無法時時陪伴在外籍配偶的身邊，她仍然將她們當成家裡的孩子一樣地疼愛。

岡山志業園區走廊盡處的教室內，何鳳美穩穩地站在臺上，她一臉的笑容對著學員分享：「碰到慈濟以後，我整個心都開了，現在，慈濟就是我的『娘家』。」聽到「娘家」這兩個字，吳慈同驚喜不已，她在心中吶喊著：「鳳美長大了！」二〇〇七年，慈濟四十一周年慶，證嚴上人參觀岡山志業園區靜態展時，何鳳美與其他學員全程以流利的華語及臺語向上人導覽蕙質蘭心班成果展，上人欣慰地頻頻點頭。

「雲開了，是時候了，落葉飄，時節轉換，生命是河，緩緩地流向遠方，潮來潮往……」吳慈同清唱著她最喜歡的〈因緣〉這首歌，不改往昔，唱完又是呵呵笑著——那笑聲，揉含著眼淚與歡樂，蕙質蘭心班走過十三個年頭，從營隊方式開始，這當中雖有難過、氣餒、歡喜，但不曾放棄過，面對著學員，吳慈同說：「每個人心中都有一畝福田，妳們都是園丁；綁緊褲管，走！我們一起當農夫去！」

造血幹細胞建檔活動年年在楠梓的社區中舉行，街頭勸捐、建檔活動到陪伴捐髓者，羅千枝一路走來二十多年不曾停歇。（攝影：陳慶臨）

# 敲門——羅千枝的故事

文◎楊蘭慧

## 【羅千枝小檔案】

一九四三年出生於日據時代末期，成長在彰化縣田尾鄉打簾村，個性樂觀開朗。羅千枝與先生張金沛從路邊攤起家營生，輾轉於多種小生意間謀求溫飽，日子雖然過得漂泊辛苦，她卻一逕勇敢面對。一九八七年張金沛因為同行林永祥的邀約，成為慈濟會員。一九九〇年夫妻倆一起受證成為慈濟委員，是高雄楠梓地區第三、四位委員。早期「做慈濟」沒人、沒經驗，羅千枝全憑一股傻勁，一路蓽路藍縷；她的海派寬容性格，讓她廣結好緣，陸續接引了三十多位慈濟委員，其中大部分是夫妻同修。一九九二年，她跨組推動環保，發動了高雄區定點、定時大型資源回收的契機。一九九四年，羅千枝成為高雄區首批推動骨髓捐贈的志工，一心一志地守護社區的造血幹細胞捐贈志業，雖然經歷許多挫折與失敗，但她仍持續不輟地奔走努力，只為爭取生命的契機。

推開紗門，螢亮的月色讓羅千枝突然想起農曆十五了，「金沛出去做生意一個月，人是丟掉了嗎？」她嘟囔間又記起：「家裡快要沒錢，鄰居清珠送的東西也吃得差不多了。」不過，那段背幼子做生意的歲月更苦，日子總是要過下去，夜闌終將逝去，她堅信著。

「豬是偷殺的，妳敢

羅千枝年輕的歲月裡，自鄉下勇闖臺北，見證那時臺灣社會及經濟適逢的蓬勃發展。（圖片提供：羅千枝）

賣？」陳桑瞄了一眼老友千枝。

「我閒閒沒事啊！」她若有似無地回答。

隔日一早，羅千枝面對攤在地上的豬肉，正猶豫時，得知有私宰便宜豬肉的鄰居們，已急呼呼地敲門進來，逕自捏著肥豬肉東挑西揀。她憑著孩時對父親賣豬肉的記憶，用菜刀一陣切劃後，大家歡喜

羅千枝及張金沛結婚後，以擺路邊攤謀生，兩人周旋於客商之間應付自如，為未來慈善路鋪下好因緣。（圖片提供：羅千枝）

拿著便宜的豬肉離去。賣私宰豬肉是違法的，但羅千枝顧不了那麼多，總趁著夜晚，到朋友家偷偷賣著沒有「蓋章」的豬肉；有時還搭鄰居的摩托車，車尾掛著比人還重的豬肉，跑到更遠的新莊，排氣管的屁股在黑夜裡不斷撅出白煙……只是她惦記著家中的孩子，看著錢包裡的錢能過些日子，便決定收手了。

天空的月彎如蛾眉時，門外消失許久的摩托車聲突然出現，張金沛推門進來，一股腦地說：「生意不好，沒賺什麼……」看著金沛，滿腹怨言的羅千枝只輕吐一句：「攏沒有消息（臺語：音訊全無）。」張金沛哪裡知道前些日子，瘦小的妻子曾豪邁地賣起豬肉；羅千枝更不知道果敢的真性情，會為她鋪出一條無法預期的人生際遇。

## 浪跡市井　尋聲勇踏實

張金沛四處漂泊走販著，這是二次世界大戰後，臺灣自均貧的歲月逐漸轉向經濟快速成長的世代，羅千枝夫妻倆搭著市場變化，向塑膠五金的盤商批貨，以路邊攤叫賣謀生，白天做完再戰夜市，從臺北到高雄，兩個人海派的個性，周旋在三教九流的客人、同業、批發商間，張金沛就是這樣在高雄的一處市場中，認識了慈濟委員林永祥。

初春的早上，攤販、顧客熙來攘往，拖著貨物經過林永祥賣雜貨攤位的張金沛，聽著他一直說著：「花蓮有位女師父募款救窮人，捐款幫助她是件好事。」張金沛想起自己年幼時，家裡沒米煮飯的苦境，湧起一陣心酸，又思索起：「我做過好事嗎……」

上午生意結束後，他告訴林永祥：「我每個月捐四百元給師父。」菸、酒不拒的張金沛，返家對羅千枝訥訥地解釋：「我少抽點菸啦！」於是他們成了慈濟的會員。

林永祥第一個月到羅千枝家中收功德款時，高壯的他背著袋子站在門口，恭敬地喊：「張太太！」她對那莊重的神情起了一分敬畏；後來只要電話響起，聽到是林永祥的聲音，她馬上回到廚房關掉爐火，順便搬一張椅子坐在電話機旁，因為他的話匣子一打開「講慈濟」，就會講很久……張金沛和羅千枝也在他的半強迫下，以為要去花蓮進香，卻參加了生平第一次的朝山。

太陽在地平線下蠢蠢欲動，拂曉中天色變淡，四點敲響引磬，兩排朝山隊伍踏出步伐，在「南無本師釋迦牟尼佛」聲中，羅千枝好不容易跪爬起來，雙膝疼痛到無暇理會一身新衣裙，再次跪拜撫著石子地時，她感覺手上濕濕的，隨後瞥見路旁有豬舍……

而張金沛則忙碌地邊跪拜邊撥開滿地的石子，兩人在疼痛及怨嘆中一路跪拜到靜思精舍前。

晨曦中，精舍就在前方，羅千枝尚在疼痛的混沌中，看到尋常的門前豎立了四根柱子，人形屋簷下，沒有一般廟宇的氣派，

上人推動落實社區後，羅千枝被分配在楠梓第三組，開始勤走社區辦講座。一九九八年五月二十一日羅千枝夫妻來到眷村推廣「環保好生活」。（圖片提供：羅千枝）

背倚著一脈廣闊的大山。「願消三障諸煩惱……」低吟唱誦聲起，音律迴盪在大殿門前，她漸漸覺得心中湧起莫名的激動，也發現自己的臉龐濕了，吸著唏溜的鼻水，抹淚時她不懂為什麼會哭。

帶著滿腦的疑惑，羅千枝在下午的聯誼會中硬是擠身坐到證嚴上人前面，她想要將「慈濟」弄個明白，當上人說到：「普天下沒有我不愛的人……」她雖被震攝，但仍有猶豫；看著上人瘦弱的身形，用著輕柔近乎無力的聲調，對眾人說著許多的故事及人生道理……她開始明白之前林永祥所言。

從那天後，羅千枝心甘情願地跟著林永祥，戰戰兢兢地學習訪視、鼓起勇氣參加助念、心裡七上八下地拿起麥克風分享；當感恩常掛口時，她了解上人說的那分愛了，她的生意寧可不做，慈濟事卻愈做愈歡喜，好像花生越嚼越香。

一九九〇年，羅千枝夫妻受證成為楠梓區第三、四位慈濟委員。

初生之犢的她一心想敲開社區「做慈濟」的這扇門，當她向林永祥求助時，卻換來淡淡一句：「自己想辦法。」

「我是自找麻煩嗎？」羅千枝一肚子委屈。

屋外車子奔馳的聲音劃破寧靜的夜晚，張金沛看著羅千枝眉頭深鎖地翻著勸募本，故作輕鬆地說：「好啦！妳安心去做慈濟，我來賺錢。」

有了先生的支持，羅千枝本著「不做虧本生意」的堅持，告訴自己不能因為一句話就不做慈濟，她回到花蓮靜思精舍「找方法」。日日晨鐘催曉後，她總是反覆忖度上人早課後的開示，再忙不迭地找常住師父問東問西，一點一絡，好似結繩記事地把上人及師父們的每一句話放在心中；當蛙鳴蟲唧暮色時分，上人和弟子們近距離對話的時間，她一直期待能聽到上人告訴她「方法」，卻仍是如墜五里霧中。

從花蓮回到高雄後的一場慈濟茶敍結束，羅千枝無精打采地坐著張金沛的摩托車返家，在推開家門時，突然閃過一個念頭：「讓會員走進我家來，人不就聚集了嗎？」她決定從收功德款時，挨家挨戶敲門邀約；夜暮低垂，羅千枝家的客廳亮晃晃的，泡茶桌上的茶杯特別晶瑩，熱水徐徐注入，壺嘴冒著煙，公道杯不斷分送茶湯。這第一場茶會，十位會員真的依約前來……茶會人數漸次增加到二、三十人，林永祥坐在客廳，看著眼前的景象，眼尾漾著欣喜。

「羅師姊，我來泡茶！」做鐵皮工程的會員陳玄榮，早晨八點不到就跑來門外喊著，羅千枝開門時，屋內茶桌已「哄——哄——」燒著水。她促狹地問他：「顏色一樣，喝看看，茶比酒好喝喔！」

「淡淡的，不怎麼樣！」陳玄榮認真地嚐過後說。

從羅千枝家發起的茶會，漸漸推動到不同的會員家中舉行，慈善的漣漪在社區裡逐漸擴散。（圖片提供：羅千枝）

羅千枝不理他繼續泡著茶，她心裡知道陳玄榮自從去過花蓮的靜思精舍後，愛喝酒的毛病改變了不少；改變習慣的人不只他，還有李宗明，他過去一身「俗到有力」的透明襯衫，總是把進口香菸插在透明的口袋裡，現在他不但把一頭在後腦撥動著的長髮剪去，還減了菸量，讓李太太驚訝地對羅千枝喊：「宗明被『沖煞』到了！」

每日早中晚不拘，羅千枝家的茶桌就這樣擺著，友人、會員不時串門，茶香與人語激盪出一個微型的慈濟世界，原本是做生意的茶桌，漸成聯誼茶桌，三天泡完一斤茶是常事，茶葉搖晃、舒開，慈濟的事，三吋舌尖說不完，從千枝家發起的茶會漸漸在不同的會員家中舉行，五湖四海廣邀天下善士的「泡茶組」名號不逕而走，慈善的漣漪在社區裡逐漸擴散。

花蓮慈濟醫院餐廳的牆上，一張小幅海報被風輕輕吹翻一角，那擺動的形樣吸引了在醫院當志工的羅千枝的目光，她湊近瞧著海報上寫——「資源回收」，眼睛瞬間亮開。

結束醫院志工返家，眼見屋內新堆起的一疊報紙，想起那張小海報，立刻找來呂正森、陳玄榮等人開茶會，討論如何推動「資源回收」，大夥兒點頭稱道後，卻沒有下文；她不死心，又在組隊會議中提出，結果仍是沒有反對也沒有建言……當羅千枝所屬的高雄第六組組長邱國權到她家泡茶時，她半強迫地說：「我們想做環保。」邱國權的眼神突然凝結，遲疑地表示：「高雄沒有一個社區正式推動過環保，你們楠梓區做得起來嗎？」

「我來做看看。」她一臉樂觀地說，但心裡卻一點具體的想法都還沒有！

# 翻轉垃圾 打響第一回

電視播放著大漢溪在垃圾山旁嗚咽著……羅千枝不太懂環境問題如何解決，但看得懂路旁的垃圾箱總被免洗餐具及瓶罐填滿。一九八九年的夏季，政府推出各項環境政策，市民淡淡地觀望著路邊的彩色外星寶寶資源回收筒，羅千枝也是其中一位。繁華富裕的背後，髒亂正充斥在生活周遭，臺灣這座小島面臨著「垃圾大戰」……

收音機中，主持人輕柔溫婉的聲音流轉後，上人的聲音響起，羅千枝放下手邊工作，坐下專心聆聽。上人應吳尊賢文教基金會之邀，展開全省七場演說，這場臺中新民商工的演講，上人說：「臺灣應該是個淨土……你們可以用鼓掌的雙手做什麼？垃圾分類！希望我們大家共同來呼籲『消滅垃圾』。」這番呼籲，默默燃起各地志工的回收動作。

「垃圾分類、資源回收」的觀念在慈濟世界迅速蔓延，環保志工及回收站如春筍般冒出，「泡茶桌」上有了「找環保站」的新話題。「羅師姊，鐵工廠旁的空地，妳看怎麼樣？」陳玄榮思考一下隨即表態，她知道那塊地，滿意中繼續引動其他地點的意見……

豔陽毫不留情地炙烤著大地，羅千枝和其他人站在蓊鬱的龍眼樹下，十分中意位在馬路轉彎處的空地，大型貨車容易停泊，旁邊有四線道的馬路，狀似張手迎接四方朝貢，眾人決定楠梓區回收的集結總站就在「後勁鐵工廠旁」。

羅千枝彎下腰，撿起飄停在腳邊的塑膠袋，騎上摩托車，去看已有眉目的回收小站，總站確定後，她忙著找小站的位置；「歐吉桑您好，玉鳳在嗎？」她一邊打招呼，一邊打量著這戶人家門前的空間，「有歐吉桑『顧厝』，身體也很勇健，是個好站。」她在心中盤算著，「大社」回收站就決定設在這棟透天厝門前；再次騎上摩托車，風馳電掣地來到委員薛月家，她家位

一九九二年的八月十五日，羅千枝帶領志工們發起高雄首次集體資源回收，後勁鐵工廠儼然成為社區資源回收交流站。（圖片提供：羅千枝）

於熱鬧的久昌街，「只要有人潮，就容易推動環保。」她是這麼想的，接著又打了幾個電話詢問仁武社區及天后宮的回收小站的籌備情況；羅千枝到處走動，結合會員、幕後及不同組的委員，回收小站快速地增加中。

「要怎麼讓更多人知道資源回收？而且願意花時間將『垃圾』載到各站呢？」她的腦袋不斷思索，直到收功德款時，會員陳秋雲說：「我認識一位讀美術的，或許能幫忙畫宣導海報。」

下班後的鐵工廠，大燈在啪噠聲中亮起，偌大的空間裡漫布著鐵的氣味，小孩蹦跳著進來，抓起桌上蠟筆，好奇地瞧著那一疊白紙，家長、老師和羅千枝開始討論怎麼著色。趁泡茶時邀約的「著色團」熱鬧地進駐工廠為海報上色，經過兩個晚上，那位「讀美術」的年輕人，提供「手捧地球」的圖樣，活脫脫地亮出，質樸的塗鴉，色彩分明，加上愛護地球字樣，羅千枝心中的小海報成真了，她收拾滿桌蠟筆高興地想著：「明天要好好地貼出去，讓人知道。」

才八點多，羅千枝走進區公所，里幹事林輝金笑著上前招呼，聽完她的說明，林輝金回到桌前，一會兒寫出資源回收宣傳單的內容，羅千枝仔細看後，滿意的雙眼笑瞇了，接著是會員的印刷廠鄭老闆免費的印製，終於成就五千張宣傳單。

立秋剛過的天氣，走動間還是一身汗，剛回到家喝杯水，門外響起叫喚聲：「羅師姊，還有單子嗎？」「有喔！」羅千枝趕忙走出門，把剩下的百來張印有回收日期及電話號碼的宣傳單，給這位會員拿去夾在報紙中，五千張文字宣傳單就這樣全數隨緣送出。

時間接近了，張金沛和李宗明生意結束後，開著車到處播放特別錄製的宣傳廣播，右昌街區首次響起：「八月十五日，八點到十二點，是資源回收日，請大家把回收物拿到……」路人循聲注視著行駛而過的宣傳車，聲音也越門穿戶飄進屋內。這時的羅千枝，正和從電話本找到的回收商搏感情，已放下工作的她，就算有滿滿的時間東忙西跑，似乎仍不夠用。

一九九二年八月十五日，太陽尚未完全升起，灰藍的天空還掛著未隱去的月亮，這輪滿月似乎也想看著楠梓地區在高雄首開的集體回收景象。清晨六點，鐵工廠外兩側已放上「慈濟回收站」的黃色旗幟，醒目招搖，布旗是志工剪裁車縫的，布上的字又是鄭老闆發心捐印。羅千枝站在旗幟旁，一再仔細確認手裡紙張上寫得密密麻麻的工作項目。「師姊，這給妳。」當住在鐵工廠附近的阿嬤拿著回收物出現在她面前，「高雄環保」開張了。

小站、總站的人潮漸漸多起來，羅千枝騎著車在各站間巡看，回收物由車子一趟趟送往總站，志工們站在堆得像小山高的物資中彎腰、打轉著，吆喝聲、嗶嗶聲，此起彼落，車輛又將回收物往回收商送……遠處落日淡金的餘暉，照在鐵工廠旁已淨空的地面，顯得特別地晶亮。

羅千枝領志工們發起的首次集體資源回收，所換得的金額斐然，激起高雄其他社區的勇氣，紛紛來到龍眼樹下的總站觀摩、學習、跟進；一支支「慈濟回收站」的黃色旗幟，開始從城鎮外圍向市中心擴展，逐漸飄揚在高雄各處，然而宣傳單上的電話卻產生了預期外的效應。

原訂一個月一次回收日，八月十五日後天天有居民來電，要求收回收物。於是生意結束後，張金沛下午就得開著廂型車繞馳在街頭巷尾，按照千枝給的地址，按鈴、敲門後載送回收物至鐵工廠旁空地；為了不讓物件堆積著，她開始每天與朝陽迤邐過來的時間競賽，夜晚又在路燈及月娘相伴下，整理一批又一批回收物，儘管張金沛叨唸抱怨不斷，她哄著、勸著，不想停下這好不容易開啟的環保志業大門。

摸索中的「環保」席捲著高雄各地，後勁鐵工廠卻因擴大營業後，空地不見了，回收總站暫時棲身於仁武區回收站，環保志工

一九九九年一月十日右昌環保教育站成立，垃圾變寶物後，資源回收漸成教育，稚子、青少年到成年人紛至沓來，志工們樂當分享者。羅千枝帶領社區志工，為獨居老人陳伯伯打掃住家，也打開他的心門。（攝影：傅餤村）

緣
資源回收

紛紛轉往該處繼續協助回收分類。找地的想法已不能等待了，羅千枝聽說某位志工在右昌有塊「空地」，她決定為楠梓找環保的「厝」。

## 踏足鄰里 啟生命陽光

德民路西行至三山街交接處，那塊空地位在舊聚落與重劃區夾合的「右昌」，羅千枝和幾位志工四處觀望著，雖然草深荒涼，但是緊臨雙線的筆直道路，交通方便，空地的地主是南區慈誠隊隊員陳清波的父親陳同慶，早已認同慈濟的老人家，欣然同意無償借出，楠梓區的志工們很快地展開搭建工作。

渾然不覺泡茶桌上的壺水已沸，攤開慈濟志工呂正森的手繪平面圖，葉文雄、陳玄榮等幾位慈誠隊員開始拚湊環保站的藍圖，已是楠梓區組長的羅千枝，靜坐一旁，構思著環保站以外的社區藍圖。

山貓機揮鏟往空地的草叢前進，視野逐漸被拓展；數位慈誠大漢奮力挖出土坑，埋下鋼管柱子，泥土地上放置來自陳玄榮鐵工廠的鐵條、鋼筋的交叉焊接物；水泥車在人聲喧嚷中嘩啦嘩啦地澆灌，志工個個彎腰手持木耙迅速推動泥漿。歷經月餘，長排的半戶外匸形鐵皮屋，從閃白的水泥空地上騰起。

薄雲後的陽光遍灑，讓隆冬的早晨溫暖地甦醒，一九九九年一月十日，「右昌環保站」大門熱鬧滾滾地被開啟，身穿藍衣白褲制服的志工們，胸前掛著寫上「慈善」、「醫療」、「教育」、「文化」、「環保」、「骨捐」、「國際賑災」及「社區志工」的八個牌子，喜氣洋洋地迎接資源回收物「歡喜回家」；羅千枝看著從當年僅有四位志工，到現在的六十多位，她翹首環保站這方暫時借用的天地，希望把那八塊牌子深深地扎下，為社區綻放更多美善的芬芳。

深鍋細熬著豆漿，飽滿的包子在蒸櫃中兜著，夏季的六點天已大亮，每天的第一批環保志工正各據一方，默默做著分類，他們原是來附近運動的鄰居。羅千枝停好摩托車，拎著早點走進大喊：「吃飽再做啦！」儘管有環保組的志工負責站裡回收工作，羅千枝只要有空，總會來陪大家吃一頓熱呼呼的早餐，餐後又是忙碌的一天，這天她還得趕去探望一位獨居老人。

一堆堆的廢棄雜物杵立，千枝與社工再三確認附近門牌，她喃喃地說：「沒錯啊！」只好踏著凌亂的地面走向前，從低矮的屋簷下，勉強摸到一扇門，敲門數次，門終於被撥開，老伯的臉在陰暗中看不清楚，濃厚的鄉音倒是很響亮，羅千枝剛要打聲招呼，門卻倏地又關上了，她了解這戶社會局委請慈濟關懷的獨居老人，勢必得費上心神好好磨合。

幾天後，羅千枝不死心又再轉入瞧瞧，冷不防地與老伯正面碰上，她心中暗暗叫好，趕緊自

一九九四年羅千枝帶領委員尋根，當年朝山路上的礫石已成柏油，行善的隊伍更加浩蕩。（圖片提供：羅千枝）

我介紹，卻換來了他睥睨的眼神，不過，至少沒轉身關門，從此羅千枝便常來串門子，駐足屋外雜亂的地方與老伯閒磕牙。

「陳伯伯，我和你商量一件事，好嗎？」羅千枝突然說：「裡面那麼髒，讓我們進去清理，好不好？」老人馬上板著臉拒絕，她心想：「反正拒絕很多次了，不差這一回。」她繼續死纏爛打，「不然，我們在外面打掃。」

「誰要來掃？」老人有了回應。

她逮到機會迅速說：「我來。」

「妳開玩笑！」老人不信地說。

她抓著機會的曙光，「我真的會來喔！我找人一起來，你不能阻止喔！」

沉默數秒的陳伯伯不耐地回應：「好啦！好啦！」

志工們經通知，迅速往老人的鐵皮屋集結。外面打掃完，羅千枝順口說：「伯伯換裡面囉！」空氣突然停滯，他看她一眼，她故意不理會老人的反應，繼續說：「時間還早嘛！要的東西先拿出來，不要的東西我們載走。」陳伯伯翻翻眼，起身說：「好啦！」低矮的鐵皮屋，一步步變清爽了，不再有蚊蟲亂飛，附近里長、鄰居都鬆了一口氣，紛紛走近關心，這時的羅千枝心中，其實又再規劃著下一步。

楠梓區的志工們開始造訪一戶戶孤寂的人家，以無盡的善意敲開深掩的門，拉出一位位獨居的長者，陪著他們到公園活動筋骨，帶著他們參加社區大型茶會，甚至包車前往花蓮靜思精舍參訪，整車充滿著鄉音對上臺灣話的那股熱鬧景象，猶如回到羅千枝家早年泡茶組的聚會一般——阿公、阿嬤們走出家門，迎向屋外燦爛的陽光，跟著他們捐款賑災、助貧，獨居的長輩不再孤獨。

社區環保回收、貧戶訪視、志工培育……緊鑼密鼓在規劃中進行，共修、月會按時召開，右昌環保站的鐵皮屋中，總是人聲笑語常不斷的熱鬧場景……自從環保站成立後，必須動員各領域專業人員的「造血幹細胞建檔

繼高雄之後，一九九四年十月三十日，屏東地區接力於唐榮國小禮堂，展開骨髓捐贈驗血活動。（圖片提供：羅千枝）

活動」移師站內舉行，當活動逐漸擴大後，才不得不另覓學校的大型場所舉辦。

脫下雨衣，拍落一身雨水，羅千枝走進造血幹細胞建檔活動會場，從報到、解說、登記……一一確認志工到位就緒，二〇一七年楠梓地區造血幹細胞建檔活動，在右昌國小舉行，她看著來自十方愛心的血液試管一支支地逐漸增加，內心有種彷若隔世的感覺，那曾經讓她跌跌撞撞、飽嚐閉門羹的回憶，紛紛湧上心頭……

二十多年前，旅美留學生溫文玲罹患血癌，找尋符合自己的造血幹細胞，輾轉間，求助於慈濟，一九九三年十月十二至十九日，上人展開環島行腳，宣導骨髓捐贈的觀念，各社區的志工義無反顧地響應推動骨髓捐贈及配對的工作。十月二十日，慈濟基金會骨髓捐贈資料中心成立，羅千枝於隔年成為高雄區首批推動骨髓捐贈的志工，長期投入慈濟醫院志工的她心想：「這應該和醫療有關吧？應該不會有困難，做看看吧！」

天性的樂觀讓她不再多想，只是在參加慈濟舉辦相關課程的研習中，講師不斷說著「骨髓」，她憶起父親車禍腦震盪時，醫生為父親抽「龍骨水」（脊髓液）檢驗，那時家人對這項大手術的驚惶失措……她低頭瞅著手上的捐髓說明書，「抽骨髓就是抽龍骨水嗎？」許多疑問浮在腦海裡。只有國小學歷的她，決心要一次又一次地參加研習及說明會，她想：「要承擔，就不能糊里糊塗的。」

## 挫折湧現　奔走敲希望

「請問，我那天抽的血可以取消嗎？」志工突然接到無法莞爾以對的電話，那是高雄第一次在扶輪公園舉辦的骨髓捐贈驗血建檔活動後隔日，大家面面相覷，只能婉言相勸，也害怕類似的電話再響起……「我又來抽血了喔！」也有人滿腔熱血地想要多次抽血，他以為驗血活動就像

高雄區首批推動骨髓捐贈的志工協助屏東地區初次抽驗血活動，現場民眾響應熱烈。（圖片提供：羅千枝）

捐血一樣，愈多次愈好……「不是抽出10cc血就是完成了救人？」在起頭的那些時日裡，羅千枝就這樣被時間及事件推著走，似懂非懂間，只知道搶救生命的行動一旦啟動，是絕不能停歇的！

暮色四合，萬戶燈光接連點亮了，羅千枝頹喪地坐在餘暉漸退的客廳，她剛回覆慈濟骨髓幹細胞中心：「配對成功者不願意捐髓。」又一次地被拒絕，又一次地打擊她對生命價值的理解。

「為什麼不願意救人？是不是我哪裡做錯了？」她不斷地思索，想著自己舉家落腳高雄，租居後勁溪旁，從清洗豬腸做買賣的生意開始，瘦小的身子騎著沉重的腳踏車，後座載著滿滿的飲料，毫無頭緒地在社區中兜售，奔忙的日子裡，為了家中生計，硬是撐下去，不曾感到害怕。

認識慈濟，成為委員後，她踏遍熟悉的社區，募款、募志工難不倒她；在環保風氣未開之時，她推動高雄區首次社區集體環保資源回收，也風聲水起般順暢成功。沒想到卻在「骨髓捐贈」這一關碰壁連連，鎮日踽踽而行地苦尋那擁有「十萬分之一」救人機會的陌生人，央求、拜託一個隨時會反悔的首肯，那敲開的一扇門後，每一句質疑或信任，都考驗著每一次挽救生命的機會……

又是一例骨髓配對成功的個案，羅千枝只知道對方叫「羅素蘭」，她忐忑地撥通了電話，電話裡溫柔地蹦出：「我願意！」雀躍中她興沖沖地來到羅素蘭家拜訪，門打開時，看到眼前「瘦弱的女士」，羅千枝心裡暗想：「她可以嗎?老天真愛折磨人。」果真事情並不如想像中的順利，素蘭的女兒不同意身體並不強健的媽媽捐髓，面對女兒的反對，素蘭在淡然中透露著無比的堅毅說：「病人比我身體更不好，我捐骨髓，也只不過是不舒服一下下而已。」

一切的檢查也都順利地走到捐髓的時刻。因為天候不佳，深怕錯過捐贈機會，素蘭特意請假，由羅千枝陪著提早一天抵達花蓮，當夜刮起風雨，素蘭輾轉難寐，擔心著高雄的孩子隔天上學的安全，雖然羅千枝已安排張金沛一早去接送孩子……經過一夜的風雨，大地變得清新，花蓮慈濟醫院的室內顯得特別寧靜，安穩的醫療設備護衛著素蘭自腸骨抽取造血幹細胞，短暫的沉睡間，自體備血又緩緩地流回到素蘭體內。

術後麻醉產生的過敏反應，令素蘭嘔吐不止，志工端來為她補身體的食物只能擱著，更糟的是下床時竟然無法站穩，她每一次微顫的步履，都令一旁的羅千枝驚心不已，一股無明念頭湧上心頭：「我做錯了嗎？我會不會害了她？」完成捐贈的歡喜在羅千枝心中已煙消雲散。

回到高雄的隔日，羅千枝馬不停蹄地帶著三位人醫會的醫師，前來為素蘭診治，經過骨科吳醫師診察後，證實素蘭的行動

二〇一七年四月，高雄楠梓地區在右昌國小舉辦造血幹細胞建檔活動，後勁和氣骨髓捐贈關懷小組幹事羅千枝叮嚀：「加強『觀念的宣導』，病患才有重生的機會。」（攝影：陳慶臨）

不便是因為之前車禍的舊傷導致，捐髓之前她就有無法久站及久坐的問題，依著吳醫師教的復健方法，素蘭的身體日復一日有明顯的改善，志工們熬煮的補湯再次有了「用武之地」。看著羅素蘭的氣色漸亮，羅千枝終於能喘口氣；再多的醫學理論，還是得真實走一回。雨過天晴，清爽空氣撲面而來，她知道勸捐的這條路依然會困難重重，但她不打算放棄，也不可能放棄。

幾番的去電，都等不到吳相輝的回應，羅千枝決定直接到他家敲門，這次有捐髓者家屬王媽媽自告奮勇的陪伴，樂觀的羅千枝想：「勝算應該很大。」兩人信心十足，站在吳相輝家門前的王媽媽，臉上堆滿笑意，已躍躍欲試做個分享者。

「咿──」林家大門打開，裡面的婦人雙眼冷冷地掃過羅千枝一身的制服，張口就說：「不要，我們家相輝不要捐啦！」大門隨即閉上，兩人不死心，隔著門不斷地試圖說服吳媽媽開門，門裡門外的詢問及拒絕聲浪不斷持續，門，始終未開啟。

「這是吳相輝的本意嗎？總要有明確答案……」羅千枝那股做生意果斷的氣勢發起來了，心中想：「不管如何，一定要見到相輝本人。」沒有時間猶豫，現在奔走是為了生命的希望，她一定要向相輝說明白。於是，千枝拜託一位志工在他家門前長時間守候，終於見到了本人，志工傳達配對成功的消息卻忘了留下彼此電話，幾經波折後，當羅千枝和他通上話時，電話那頭還是頻頻傳來吳媽媽不悅的聲音，但相輝在電話這頭堅決地表示：「我要救人！」

羅千枝暫時放下擔憂，卻沒料到突然接獲吳媽媽來電：「我兒子捐髓是有條件的。」吳媽媽要求慈濟必須為相輝施打生長激素，羅千枝滿腹疑惑，原來吳媽媽認為打生長激素可以讓兒子長高，她哭笑不得，因為相輝已經三十多歲，身高早已定型，而且這個生長激素是不同的，只是不論如何解釋，換來的是吳媽媽更不悅的回應。藉著相輝去大林慈濟醫院做身體健康檢查時，讓腫瘤科醫師親自向吳媽媽講解。「醫生怎麼說？」待吳媽媽自診間出來時，羅千枝問。

「嗯！還不是和妳講的一樣……」吳媽媽瞄著她說；看著一臉無辜的羅千枝，吳媽媽噗哧笑了出來，釋然間的信任萌生，相輝捐髓順利完成。身為公務員的相輝在這次的的捐髓過程中深受感動，決定對自己的人生做出重大的改變，他報考醫學院，成為搶救生命的醫生，羅千枝把這一切的峰迴路轉都視為是佛菩薩的安排。

羅千枝家一樓佛堂裡，整齊放置著造血幹細胞驗血血樣複檢的郵寄盒，靜靜地等待天涯海角的因緣和合，每一個盒子只要寄去花蓮，就象徵著隨即展開一場搶救生命的旅程。在國外，造血幹細胞捐贈有專業職人做，民眾出於自由意志，前往捐贈；而在臺灣，慈濟志工懷抱慈悲無畏心，由醫護人員做後盾，穿梭街頭巷弄，舉牌宣導血樣建檔，配對成功的勸捐、陪伴及捐後年年探訪關心，這條遙遠又艱難的道路，羅千枝一做就是二十多年，從黑髮到滿頭華髮，她也依然守候在楠梓區。

這幾年楠梓區除了右昌共修處，又成立了後勁共修處，就鄰近羅千枝家，晨間薰法，夜間共修，假日裡還有「憶能促進班」推動著，早年的楠梓和氣組隊，如今已擴增成三個組隊，原本泡茶桌的聚會漸漸移往後勁共修處。她一樓住家的門，不若以往總是開啟著，偶爾的叫門聲，在寂靜裡顯得特別響亮；慈濟志業運轉的巨輪中，羅千枝和其他資深委員一樣，仍在一個點守著一分功能，步步跟進。

有志工曾經問過羅千枝：「您都七十多歲了，為什麼還這麼拚命『做慈濟』？」她歪著頭想了想，緩緩地回答：「我不知道為什麼一直在做，但我認為這個年紀，要趁還能走路、講話，趕快去做！」她手裡撥著冊子，冊中記載著年年關懷的社區捐髓者……她仰起頭望向天邊半露的月娘，微光淺照塵世，門牖間的明亮，如火光燁然照耀，她想：「我應該沒有違背上人賜給我的法號——『慈燁』。」

為讓志工及一般民眾更親近佛法，江淑清於靜思堂籌設抄經班，讓大家能藉由抄經的過程收攝身口意，體悟佛慧。（攝影：周幸弘）

# 顧厝的人——江淑清的故事

文◎胡青青

## 【江淑清小檔案】

一九五一年出生於彰化縣永靖鄉的傳統大家庭，親族世代務農，江淑清上有一兄下有一弟，為家中獨女。她從小就得雙親寵愛，因父親經商搬至北部，年輕時到日本學插花及美容，返臺後曾任職美容師，後因父親經商失敗搬遷至高雄，未婚的她從事美容及插花教學，就近照顧父母。一直都有佛緣的江淑清於一九八三年加入慈濟，成為慈濟志工。一九八八年開業經營「景陶坊」陶瓷專業藝廊。隨著慈濟志業的推展，她所隸屬的苓雅區志工人數蓬勃發展，亟需一個更大的共修道場，二〇〇四年七月，苓雅區志工在她的帶領及陪伴下成立並啟用「喜捨共修處」。二〇〇九年七月，在毫無心理準備的情況下承擔合心活動幹事。加入慈濟三十幾載，江淑清堅持初心，以六度萬行貼會眾的心、貼組隊的心，更貼上人的心。

窗邊狹長的天井灑落縷縷天光，高雄靜思堂聯合辦公室靜謐的空間裡，間歇地傳來電腦鍵盤敲打聲，江淑清走進辦公室，如常地對著牆上證嚴上人法像虔誠祈願……

## 無意承擔心糾結

「叩——叩——」辦公室外傳來幾聲掃把撥掃樹枝的敲打聲，江淑清偏身往窗外望去，只見茄冬樹上灰黃的葉子如天女散花般齊唰唰地落下，她站起身走到窗沿，看到蹲在小灌木旁，俐落撥掃落葉的熟悉身影，她轉身泡了一杯溫熱的五穀粉，小心捧著走出辦公室外，一頭花白頭髮的老人家看她走近，雙眼笑得瞇成一條細細的縫，她將手中熱熱的飲品遞了過去，對方自然熟悉地接下，呼呼地吹氣，小心啜飲著。

天天來掃落葉的老人家，耳背重聽，總是一個人獨來獨往，自顧自地做著環境打掃的福田工作，江淑清刻意地接近關心，直到最近，老人才把她當成好友般地自在相處，「師姊，妳看我把這裡掃得很乾淨吧？」她環視四周，豎起大拇指，「嗯！好乾

由佛門入慈濟的江淑清，遇繁雜事務總是淡然處之，也因為這分從容不迫，帶領志工突破喜捨環保站成立時的艱難。（攝影：莊慧貞）

淨！」聽到她的肯定，老人家眼底盡是滿滿的得意。

老人對她的全然接納，讓江淑清心中感到一股源源不絕的暖流，望著飄落的黃葉，她怔怔地想起二〇〇九年七月的溽暑中，那一顆寒凍的心……柏油路面散發著燠熱逼人的熱氣，騎著腳踏車返家的江淑清，想著前幾分鐘的一通電話，一顆心就如腳下踏板一上一下地旋轉著，她不斷地想：「怎麼會？上人怎麼會做出這樣的決定？他們一定是聽錯了！」隨著上人行腳至大林慈濟醫院的宗教處職工王慧芝，提前南下高雄來到她的家中，告知她——上人希望由她接下高雄區合心活動幹事。

「我沒意願，也不適合！」江淑清斬釘截鐵地拒絕，對方一臉為難，完全沒想到會聽到這樣的答案。斑駁的樹影沉默地映照在牆上，一件件雅致的鹽釉窯燒陶藝作品也失了光彩。幾個人圍坐茶桌，澄黃透亮的茶湯，香氣逐漸散逸……

當上人行腳高雄時，江淑清隨師在側，她不是將頭壓得低低的，就是躲在簇擁的人群中；直到上人聽取各社區報告時轉過頭問她：「合心跟宗教處他們都希望妳來接合心幹事，妳為什麼不要？」

個性爽直的江淑清，一直以來與上人應對總是直話直說，不拐彎抹角，為了此事，這些日子來整個人就像緊繃的弦，進退兩難的她忽地賭氣說：「人家想要我來做，那您呢？」

上人看著她，語氣溫柔而堅定地回答：「我也是，我希望妳來幫我照顧這個『家』！」

江淑清愣了一下，回神後像個小女孩對母親撒嬌般地解釋：「啊！不行啦！上人！我沒手機，只會騎腳踏車，又不會用電腦，我真的做不來啦！」在慈濟志工組織中所謂的「活動幹事」，代表的就是「包山包海」，不論是動態的、靜態的志工活動，只要和「人」有關，都是活動幹事的責任範疇，它可以是數萬人參與的音樂會，也可能只是三十個人參與的讀書會，活動幹事就算不是精通十八般武藝，也得要像八

不管是環保志工或是社區的照顧戶，江淑清總是細膩無微地關懷，成為深耕社區的一股推力。（攝影：李黎鐘）

爪章魚般——裡外圓融、八方兼顧，吃力又不討好。

「不會？那就學啊！」上人的回應，頓時讓她硬生生地把到嘴的話吞了回去，一顆心就像被貓抓亂的毛線球一樣，糾結著，一整天下來，她亦步亦趨跟著上人，師徒倆幾次眼神不經意地交會，蹙著眉的她，掩藏不住內心翻騰的波濤洶湧，隨著當日活動結束，上人也將結束高雄的行腳，隔天就要前往屏東，她硬著頭皮走向前說：「上人，明天社區有活動，我沒辦法過來送您……」上人轉身，淡淡地說：「不要妳送，我知道怎麼回去。」

三十年的師徒情誼，江淑清覺得自己與上人間，有著不言而喻的貼心及了解，老人家的弦外之音，著實讓她煎熬，那幾天她常看著佛龕上的觀世音菩薩，眼淚流個不停，心裡不停地抗拒，甚至閃過可怕念頭——「把委員證寄回去，離開慈濟這個家，就不會難過了。」而這僅止於想的念頭，竟讓她墮入更深的迷惘，「不行，我不能就這樣離開！」她倏地轉身，突然看到壓在書桌下，用來惕厲自己的字條——「若要永不迷，恆不避現實；若要心常定，承擔一切境。」她愣住了，她問自己：「當初成立『喜捨共修處』時，我都不怕了，現在我到底在怕什麼？」

## 尋地建立心家園

從小就天不怕地不怕，率性而為的江淑清，在接觸慈濟前已開始學佛，雖結交了許多佛友及僧眾，她還是一樣地不拘小節，一直抱著隨順因緣態度處事的她，從不主動爭取什麼。

綠蔭疊翠、蟬鳴不斷的二〇〇三年盛夏，江淑清的摯友道證法師圓寂，剛忙完法師的荼毘事宜，從埔里趕回高雄的她，接到通知趕往靜思堂的鐵皮屋會所，一身疲累，雙眼都快張不開了，耳朵卻清明地聽著大家討論「四門四法」的組織架構，當聽到自己被賦予高雄苓雅區互愛組長的職務時，她沒有多思考，只覺得因緣到了，而她首要面對的，便是為苓雅區慈濟志工「找一個家」。

苓雅區慈濟志工在輜汽北路上剛成立不久的共修處，地主將於年底收回；江淑清心裡清楚，九二一地震後，志工的人數快速成長，若要「聚眾」，一定要有個「家」。那一晚走出共修處，她望著如墨的夜空，轉身離去時，抬頭看了剛掛上的共修處招牌，心裡下了個決定。之後兩天，她讓志工張麗仙騎摩托車載著，穿梭在社區的巷弄中四處找地，看了不下十個地方，直到她看到一塊有著藍色圍籬的空地，空地上孤零零地矗立著一幢生鏽的鐵皮屋。

「這塊地，鬧中取靜，空間大小適合，好停車又不阻礙交通，雖在巷子裡，但交通很便捷，志工往來路途不會太遙遠……」她喜孜孜地跟幾位幹部

喜捨環保教育站成立十幾年間，除了地主老太太徐麗華（右）成了慈濟的環保志工，更接引他的兒子（左）及媳婦成為慈濟志工。（攝影：周麗花）

說著那塊地的優點，大夥兒都同意她的觀點，只是連同江淑清在內，沒有人知道這塊土地是屬於何人的？

不論怎麼打探，就是找不出這塊空地的地主是誰。年過了，江淑清的心一直懸著，正月十五開春的共修，志工團拜聚首，瀰漫著一股濃得解不開的陰鬱，為了沖淡濃濃的離情，事前她特別請香積志工煮湯圓，當大家圍坐一張張小圓桌時，有人默默地走到她身邊戳了她一下，她倏地回頭，堆滿笑容的陳丰容馬上湊近小聲地說：「妳喜歡的那塊地，好像是我同事隔壁鄰居的。」

「真的嗎？可以幫我從中牽線嗎？」江淑清興奮極了。

江淑清和幾位志工們初次登門拜訪地主，適逢地主的餅舖店過年期間生意忙碌，而無暇理會他們，匆忙間只說了句：「等我們這幾天事情忙完了再說。」隔了幾天，江淑清與幾位志工抱著慎重的心情，身著整齊制服，特意避開白天開店做生意的時間再次造訪，地主家老太太許徐麗華，一見身穿「藍天白雲」的志工即熱絡招呼，雖然相談愉快，江淑清心裡還是七上八下的，她無法不多慮地想著：「是那塊地嗎？不會搞錯吧？」不安讓她顧不得打擾人家休息，懇求地問：「您能帶我們去看那塊地嗎？」老太太的兒子許啟勳及媳婦爽快地答應了。

寒風使勁地吹著路樹，一行人穿過霓虹斑爛的街道，轉進小巷弄中……不久，許啟勳夫妻倆腳步停了下來，皎潔的月光躲過成排的公寓，落在藍色圍籬上，熟悉的景象，讓江淑清雀躍地對著他們說：「是這裡沒錯！」心中大石落定的欣喜，讓她自顧自地比手畫腳談起這塊空地的規劃藍圖；許啟勳看著她一臉篤定談成的神情，眼神中透出複雜情緒，善於察言觀色的的江淑清很快地感受到，唯恐再出意外的她急著解釋，並誠意地邀請夫妻倆到即將還地的共修處了解情況。

前往輜汽路共修處的路上，她仔細地解釋租地的用途，更把握機會介紹慈濟這個志工團體，而他們只是聽著，一臉漠然。江淑清深覺成敗在此一舉，一踏進佛堂，她帶領志工恭敬地對著佛像頂禮，嘴裡唸著：「佛菩薩！好因緣來了，有沒有機會就看您了！」起身，再第二拜時，她再對佛菩薩懇求：「這個好因緣，望能成就圓滿！」就在她準備起身的那一刻，許啟勳的太太突然開口：「我決定租給你們了！」這個回應，讓江淑清的眼淚幾乎奪眶而出，她不可置信地一再確認，許太太說：「別擔心，我說了算！你們都在做善事，又是拜佛的人，我相信你們。」

春陽煦煦地照在這處即將成為「喜捨共修處」的廢棄釣蝦場

五百多坪的空地上，斑駁鏽蝕的鐵皮屋佔了角落一隅，張牙舞爪的藤蔓任意爬生，垂落的塑膠帆布、廢棄桌椅及到處散落著瓶瓶罐罐；志工們拿著鐵刷揮汗刷著鼓脹剝落的鏽斑，奮力地將清掃成堆的垃圾裝袋運走，雜草叢生的泥地上，大家胼手協力地挖洞，準備插上木樁定位……江淑清本以為撥雲見日，沒想到真正的考驗才要開始。

## 考驗不斷不認輸

就在這個眾人盼望的「家」有眉目之際，志工間開始出現不同的聲音，「這要花多少錢啊？我們負擔得起嗎？」「這塊土地做環保都不夠了，為什麼還要蓋佛堂？」甚至有人質疑有高雄靜思堂就好了，不急著現在建環保站……她心裡委屈地想：「這難道不是大家想要的嗎？」當江淑清正努力協調團隊的歧見時，更大的困難卻迎面襲來；位於高雄市苓雅區正義路上的喜捨共修處，因地處第三類住宅區，社區居民擔心共修處裡設置的資源回收區，會造成住家品質日日與垃圾場為伍，而反彈聲浪四起，為此營建中的共修處三天兩頭被檢舉投訴，市政府環保局、都發局、建設局、警察局、工務局輪流找上門來。

內外交逼，讓一向好吃、好睡的江淑清寢食難安，外表看來是波瀾不驚，其實她只要聽到電話響起，整顆心就會揪成一團。

「有人投訴我們太吵了，環保局剛剛來了！」江淑清剛停妥腳踏車，就有志工跑過來跟她說，並遞上一張罰單，她嘆了一大口氣，因為半小時前，她才剛從都發局處理一些事務回來。這幾個月來，她疲於奔波政府各部門，一下跑建設局遞相關文件，過幾天又因共修處施工問題工務局找上門，轄區警察局也因有人投訴而前來關切。

艱澀難懂的法規及不明所以的投訴，無時無刻都讓江淑清繃緊神經，除了配合政府的相關標準，也要求環保志工早上十點以前不做任何敲打拆解工作，甚至晚間志工得牽著摩托車走出共修處的巷弄外才發動車子離開……縱然做了許多努力，紛擾還是沒有消停，當環保站鐵皮屋幾近完工時，工務局又來了份通知，鐵皮屋需拆掉，江淑清頓時感覺胸口好緊，呼吸困難，心想：「這要是拆掉了，我們哪來的錢再蓋？」幾天後，她發現自己的頭皮不知何時竟然禿了一塊。

「嘟——嘟——」電話有人接起，熟悉的聲音，情緒像找到出口，江淑清的眼淚簌簌而下，與她相交甚篤的吳慈同聽到話筒那端的啜泣聲，「阿清！妳還好吧？」

她哽咽地說：「我好累！」

吳慈同理解地給她時間整理情緒，過了一會兒，她問江淑清：「妳現在已經站在十字路口，是要往前衝？還是停下

從喜捨共修處推動「薰法香」開始，江淑清帶動了高雄各個環保教育站「福慧雙修」的風潮，之後對於高雄靜思堂讀書會的帶動，更是全力陪伴與支持。（攝影：周幸弘）

來？」這句話觸動了江淑清那條不認輸的神經，她堅定地說：「不能停，我要往前衝！」

那一夜，掛上電話，江淑清從提袋中翻出喜捨共修處周邊巷弄地圖及組員名單，拿起筆以共修處為中心，畫出數條敦親睦鄰的家訪路線，一大串名字的組員名單上，她思忖考慮每位志工的特質及應對技巧來分配，抱著沒有退路的決心，她將自己放進異議聲音最多的路線。

「我們做家訪吧！」隔天會議中，江淑清對著志工宣布，也將規劃的路線交給大家；接下來的幾週，她與志工們以一組五人，像苦行僧似地拜訪共修處周邊巷弄中的每一戶人家，說明原委——喜捨共修處不是垃圾場，是環保教育站。

熱氣沉滯的午後，巷弄空盪看不見一個人影，幾位志工跟在江淑清身後，爬上一棟公寓的三樓，忐忑地按了門鈴，「卡」一聲，鐵門開了，一位眉頭深鎖的婦女探出身來，狐疑地打量他們，江淑清臉上堆滿笑意湊上前去準備說話，誰知對方說：「妳等一下！」就退回屋裡把門帶上；過了一會兒，門又再度打開，她邀請志工進屋，客廳裡擺著一張病床，上面躺著臉色蠟黃的病人，婦人不好意思地對江淑清解釋：「我知道你們是慈濟，家裡好久沒客人來，所以有點亂……」閒談中，江淑清除了表明來意，也關心她的家庭狀況，離去前輕拍婦人的肩說：「有空可以到共修處來坐坐。」

家訪之前，志工們都以為免不了要面對責難，但萬萬沒想到大部分的居民對於慈濟志工的拜訪表達了友善的態度。兩個星期後，苓雅區志工完成了共修處附近兩百多戶的住戶家訪，質疑聲音及對立的情勢，在挨家挨戶的家訪後有了轉變；拆鐵皮屋的棘手問題，更在各方努力下，終於得到圓滿的解決。

## 以法聚眾化城現

初夏的天空碧藍如洗，清風微微中傳來一陣一陣掃帚掃過柏油路面的沙沙聲，五十幾位慈濟志工，分成多路沿著喜捨共修處周邊掃街，「早啊！」江淑清笑著跟經過的每個人打招呼，站在自家門口澆花的住戶，看著被打掃過的乾淨街道，臉上盡是詫異感激的神情，「來！來！喝個水。」當居民主動送上冰茶，讓打掃中的志工們又驚又喜。

五月的夜間，一顆顆藍幽幽的星星在夜空中眨著眼，幽靜的巷弄中，志工身影晃動，敲門聲、電鈴聲之後，此起彼落響著：

「母親節快樂！」住戶們一臉錯愕地從造訪志工手中接到康乃馨，大家都沒想到在母親節的前一晚，慈濟志工會為他們帶來這樣的驚喜。那一夜回到家，江淑清坐在沙發上揉捏著疲累的雙腳，嘴角卻掛著說不出的喜悅。

當喜捨共修處在社區中漸漸站穩腳步，江淑清帶動成立大愛媽媽，籌設了烹飪班、插花班、親子成長班、讀書會，及幫助弱勢家庭小孩學習的課程輔導班……共修處蒼翠大樹下的壘石小徑，許多居民在此伸展筋骨晨運；九點不到，每天都有近六、七十位志工投入共修處的資源回收站做環保分類，佛堂內的才藝課程也熱烈進行。每逢假日時，跟著父母一起參加親子成長班的孩童，銀鈴似的笑聲，如鵲鳥般鬧騰、歡愉。

短短幾年間，芩雅區志工人數蓬勃成長，喜捨共修處成立後的十年間，共接引一百零八位委員、九十八位慈誠，更接引無數的社區會眾成為環保志工。但地處鬧區的共修處，周遭就有四家醫院、十一所學校，因鄰近醫院，「助念」成了志工常態勤務，一日中午時分，飯菜香四溢的齋堂裡，近百位的志工分坐十幾個大圓桌用餐，忽然有人湊近香積志工身旁小聲地說：「還有飯菜嗎？我們剛助念回來！」

「啊！你們是幾個人？」香積志工看著所剩不多的菜不安地問。

江淑清聽到他們的對話，連忙走過來說：「留下來用餐。」她從一旁的櫥櫃裡翻出了幾包乾麵條，問著一旁的香積志工：「冰箱還有青菜吧？沒有的話，我們去菜園子拔一些。」煮麵時，她邊幫忙邊安撫說：「助念的事，很難掌握，大家只求吃『飽』，沒要求吃『好』，是不是？」香積志工釋然地笑了；沒一會兒工夫，一大鍋熱騰騰的湯麵端了上來，解決了突發狀況。

群體修行難免偶有齟齬，江淑清除了聆聽排解紛擾，更苦思如何將佛法融入志工的生活中，在共修處的資源回收站漸上軌道之際，她以行動帶領環保志工每天「薰法香」做早課，不料卻引來一波波怨言。

「我只想『做環保』，我又不識字，看不懂經書啦！」

「我來只是要做事，為什麼一定要做早課？」

江淑清沒有太多擔憂害怕，總是一派從容地說：「上人那麼用心說法，做弟子的怎麼可以偷懶？」「會做事也要會聽法，遇到問題才有法度。」

從開始的寥寥幾人參與，慢慢地情況不一樣了……「有學有差，以前不是聽不懂，不然就是聽完就忘記了。」七十七歲的環保志工陳玉蓮開始學習識字、寫字，身旁的人常被她的認真態度所激勵，大她一歲識字的林張初惠，除了跟著她一起參與「薰法香」，更幫她複習筆記。原本不被看好的「薰法香」，竟從喜捨共修處開始，帶動了高雄各個環保教育站一股「福慧雙修」的風潮——一雙雙「做環保」的手，樸拙地書寫著法語、經藏；一張張歷經生活滄桑的臉龐，散發著得聞佛法的光采。

很快地，喜捨共修處成為各級學校、機關、團體、海內外慈濟志工及外賓頻頻參訪的地方，二〇〇七年高雄縣田寮鄉軍機墜毀，苓雅區志工快速動員至陸軍八〇二醫院關懷陪伴家屬；二〇〇八年卡玫基風災後，志工動員清掃災區環境，喜捨共修處更因地緣之便，承擔起熱食發送的餐盒製作中心。江淑清驀然回首，發現「喜捨共修處」不只是苓雅區志工的「家」，更是天下所有人的「家」。

## 守住初心修忍辱

二〇〇八年，上人行腳至高雄，江淑清隨侍上人身旁，站在喜捨共修處白石疊成的「靜思」步道時，上人問她：「現在妳安心了？」

「感恩上人，共修處發揮很大的良能。」江淑清恭敬地回答，也因為這分「安心」，讓江淑清覺得喜捨共修處就是她在慈濟路上的安住之處，在慈濟路上已度過最艱難的處境，她什麼都不怕了……

「是啊！我在怕什麼呢？」「被迫」承接高雄區合心活動幹事

的那一天，她捫心自問，在千百般不願意的糾結中，望著佛龕上的觀世音菩薩，她淚眼矇矓，好像看到那初次見到上人的情景……蓮友邀約的花東之旅，江淑清沒想到一走進靜思精舍，就被精舍的寧靜氛圍給吸引；她興沖沖地走到佛堂後方克難的聚會場地——蓋著塑膠浪板的穿堂，

慈濟志工生涯考驗不斷，但江淑清守住三十年前的那一念初心，更理解上人要她「顧厝」的心。（攝影：周幸弘）

自顧自地往最前面位置坐下，直愣愣地盯著上人瞧。

「咦！師父的手上怎麼會有針頭？」她一臉疑惑地看著，眼裡盡是不解，心裡嘀咕：「既然生病了，為什麼不去休息？」上人似乎感受到她的疑問，竟對著她說：「沒事，就只是把一隻手借出去。」被看穿的感覺，讓江淑清下意識往兩側瞄了一眼，發現自己身邊空無一人，回頭一看，同伴全坐在穿堂最後方，江淑清拉開嗓門，使勁揮手說：「你們不是要來看師父的嗎？現在怎麼全躲在後面了？」她完全沒發現同伴們被她說得滿臉尷尬。

她被上人的聲音所吸引，專心聽著，當上人說：「我們做人要懂得縮小、再縮小，縮到進了別人的眼睛裡，才不會讓人覺得扎眼。」她腦中突然浮現自己剛才大聲吆喝的樣子，「這句話是在說我嗎？」她心虛地不敢再看上人。

孱弱的上人抱病為大家開示的情景，不斷浮現在江淑清的腦海裡，從初見上人至今，近三十年了，上人沒有一刻停歇，她問自己：「當初願為上人承擔的初心，是否還在？」二〇〇九年七月十一日，江淑清抱著破釜沉舟的心，接下懸置半年的合心活動幹事的任務，每天早出晚歸，了

江淑清從志工呂慈悅手中接下善款，投入靜思堂的大竹筒中，涓滴善念都將成為助人的力量。（攝影：周幸弘）

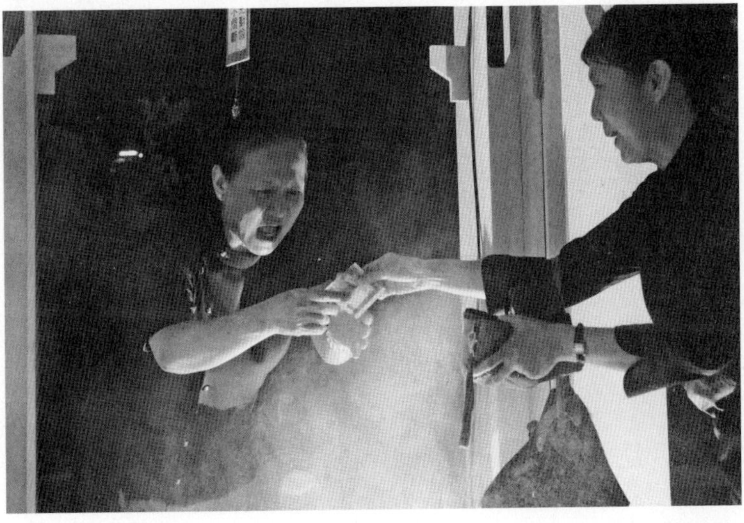

解靜思堂的硬體設施，靜靜觀察每個功能組織的運作情形。「要不要我們過來幫妳？」跟她共事多年的苓雅區志工林美麗關心地問了她，江淑清婉拒了，她想著上人打點滴時，那種堅毅又淡然的神情，決定不再害怕面對接下來的所有考驗。

毒辣的炙陽高掛藍天，幾朵烏雲緩緩聚攏，細小的雨滴穿過雲層落了下來，二〇〇九年八月，莫拉克颱風挾帶驚人的雨量悄然而至，多日的大雨，造成南臺灣近半世紀來最嚴重的水患及災情。還來不及熟悉新事務的江淑清，馬上面對高雄靜思堂成立以來，史無前例、最大，也是耗時最長的救災工作。

二〇〇九年莫拉克颱風重創南臺灣，甫接高雄合心活動組的江淑清，隨之被救災工作推著走，從急難期動員志工災區打掃、熱食發送、祈福會籌辦，無役不與。（攝影：周幸弘）

她被隨之而來的救災工作推著走，從急難期動員志工災區打掃、熱食發送、祈福會籌辦、收容中心關懷工作，陪同慈濟基金會副總執行長林碧玉，進行一場又一場的永久屋簽署同意說明會，到杉林大愛園區援建，春節前災民入厝大愛屋圍爐活動等，事情層層疊疊地一件接著一件，每一個環節，都有志工們等著她做出決定，她連喘息的機會都沒有，更別說靜下來和其他人磨合及學習。

這段日子，每天都得面對外界種種質疑，讓江淑清非常衝擊，她清楚自己的不足，選擇扛下所有的委屈、吞下一切的辯解，她不怕辛苦，但她怕有愧上人的託付；她知道這場「莫拉克」戰役，她必須和所有人站在一起攜手合作。

除夕當天，剛忙完大愛杉林園區交屋工作的江淑清坐上計程車，疾馳國道返回靜思堂路上，車窗外盡是河泥氾濫淤積的農田，在東北季風狂捲下，一片塵土飛揚。一小時後，她站在靜思堂國議廳的舞臺上，確認隔日視訊連線音控工作及現場的布置。夜深了，人一個一個離開，十一點多，她從靜思堂返家，一個人吃著泡麵當年夜飯。

二〇一〇年二月十一日，七百五十二戶受災鄉親入住杉林慈濟大愛園區的新家，重新展開新的生活，江淑清也走過了那段扛著千斤重擔，暗夜裡獨自一人在靜思堂萬佛前默默垂淚的日子。

## 虔心護菩薩淨地

自她接下高雄區合心活動幹事，日子一晃八年了，「縮小，再縮小，縮到進了別人的眼睛裡。」三十年前，上人的話如暮鼓晨鐘警醒著她，江淑清調整自己，要求自己每天到靜思堂值勤，像母雞一般，日日守護著慈濟志工的「家」。

平靜的日子流轉著，盛夏午夜時分，炙人的熱氣退去，霓虹漸稀，人車不再川流，靜謐的夜色中有著不尋常的氣味擾動……

一陣轟天巨響，橘紅色的火燄球瞬間照亮半個高雄市的夜空，火舌四竄，到處煙硝瀰漫……二〇一四年七月三十一日晚間十一時五十五分至八月一日凌晨間，高雄市前鎮區及苓雅區發生丙烯

二〇一四年七月三十一日高雄市前鎮區及苓雅區發生丙烯外洩氣爆事件，承擔副協調的江淑清，為因應救災各種事務處理及會議，決定住在靜思堂裡待命。（攝影：周幸弘）

高雄氣爆後，靜思堂成立「合心防災協調中心」，長達三十五天，江淑清堅持天天以靜思堂為家，直到救災任務結束。（攝影：劉湘蘋）

外洩氣爆事件。

連續的大爆炸，大火烈焰直竄天際，街道旁人孔蓋四處翻飛，三多一路、凱旋路、二聖路等市區多條道路被炸開塌陷成壕溝，不少人車被炸飛或深陷塌陷路面中；住家臨近災變現場的慈濟志工在氣爆發生的第一時間，投入救災關懷工作。

隔日上午七時，高雄慈濟靜思堂成立「合心防災協調中心」，災後的第一天，許多民眾湧入靜思堂當志工，「和敬廳」化身為熱食供應站，每天一千多份餐盒的製作，承擔副協調的江淑清，總在廚房、打餐現場關心著，而志工在災難現場馳援的溝通協調、花蓮慈濟本會關心救災進度的視訊會議回報、因應需求機動應變的大小救災會議，讓江淑清決定住在靜思堂裡待命。

災後一週，慈濟啟動「人人慈善．安心關懷」行動，全臺慈濟志工動員，兵分多梯群集高雄，透過全面性家訪、逐戶關懷，安撫受災民眾惶惶不安的心，並藉以了解民眾的需求。幾百位外地志工前來支援的食宿安排與張羅，讓江淑清忙得像陀螺一樣，靜思堂樓上、樓下，從東側至西側，凌晨至深夜，意志力支撐

喜捨環保教育站是汗水與淚水凝聚而成，也是接引人間菩薩的菩薩道場，每每在社區發生急難時發揮救災力量。（圖片提供：江淑清）

著她關節退化的雙膝，一天來回好幾趟，沒有喘息的時候，白天她忍著，不讓旁人察覺她的不舒服；夜裡返回六樓寮房休息時，腫脹的雙腳常讓她舉步維艱。她得雙手巴著扶手，一階一階地往上爬，每爬上一階樓梯，都痛得讓她悶哼出聲；長達三十五天，她堅持天天以靜思堂為家，直到

對每一個參訪高雄靜思堂的個人及團體，江淑清都以謙和柔軟的態度，接引善緣。（攝影：莊慧貞）

救災任務結束。

救災的那些日子，江淑清看著靜思堂大門湧進一批批志工，隨分隨力地付出，她總會浮現當初興建喜捨共修處時的那一念心：「慈濟是天下人的家。」而這位於愛河畔的靜思堂，開始變得有些不同，它日日敞開大門，歡迎任何人的到來，這樣隨方就圓的轉變，也推動著靜思堂的輪值志工，必須突破以往的工作模式，而這種轉型，不是所有人一時之間都能接受的。

為了隔天的活動，一早，江淑清與幾位志工討論流程，中間幾度電話響起，她快速接起，明快地做了處理。她忽然想起幾天前有人反映中午到餐廳用餐，餐廳的紗門是關上的，讓許多人不得其門而入，她匆匆地趕往廚房；抽油煙機賣力地轟轟作響，大灶上一整排大鍋翻炒著不同料理，擺滿四、五道菜色的兩張長桌，志工分列兩側，像工廠輸送帶般動作快速地進行打餐動作。

「關門，是為了衛生及安全的控管，不是不讓人吃飯。」忙碌中的香積志工滿頭大汗地向她解釋。

「那貼一張告示條，告訴大家鎖門的用意，妳覺得好不好？」

江淑清體諒她的顧慮，也提出其他志工的困擾，及時化解了一場誤會；解決了眼前問題，她馬上快步前往三樓講經堂，前去關心下午彩排人員的點心準備工作，她早就忘了自己那無時無刻都隱隱作痛的膝關節……

江淑清堅信有願有力，從二〇〇九年接下高雄合心活動組的任務起，每天工作前，她都會在上人法像前虔誠祝願。（攝影：莊慧貞）

認真看待自己的不足，江淑清放低身段虛心求教，從錯誤中找方法；有識才之能的她，掌握到職務分工的重要，更突破了人事考驗。（圖片提供：江淑清）

往今來

夜風徐徐，河堤南路夾岸挺生的掌葉蘋婆，入秋後掛滿紅豔豔的果實，映著月光的河面波光粼粼，透過繁密林葉望去，敞開的靜思堂的大門上，活動紅幅高掛著，偌大的圓弧形廣場，不同於白天的熱鬧，而顯得空盪盪地。

夜色輕籠靜思堂灰色建築，萬佛區一抹光暈透出溫暖，準備走出辦公室的江淑清，藉著透亮明淨的窗，好整以暇地把幾縷垂落臉龐的髮絲往耳後綰好，她下意識地撫著那一塊已長回髮絲的頭皮，臉上漾著淡然的笑，接著一如往常在返家前巡視靜思堂的每一處，經過法華坡道，她蹲下來調整牆角邊的花藝擺飾，想起前不久上人到高雄靜思堂主持歲末祝福時，瞄見坡道的一處角落，不經意地問她：「這裡都沒整理？」江淑清不假思索地回應：「這也歸我管啊？」

上人帶著一抹淺笑看著她，經過這些年，江淑清理解了上人要她「顧厝」的心。

下班車潮的車燈連綿成燈河蜿蜒著，坐在計程車裡的江淑清，八年來，走著一樣的路線，看著一樣的街景，忽然她想起在和敬廳棧板區打掃環境的老人家兩天沒來了，她拿出筆記本記著，決定明天找其他福田志工了解狀況，在心裡祈禱著：「菩薩保佑，希望沒事！」

# 燈燈相續

無

一念化永恆——杜俊元

藍圖——李義輝

好夢連連——陳清雲

無

一九九六年，杜俊元和楊美瑾的捐地，促成了高雄靜思堂的興立，他也在命運的流域中，找到了生生世世的依止處——慈濟。（攝影：陳裕炎）

# 一念化永恆——杜俊元的故事

文◎張晶玫

【杜俊元小檔案】

一九三八年生於日治臺灣花蓮港廳富里莊（今花蓮市富里區），杜俊元為家中獨子，建國中學畢業後，進入臺灣大學電機系，取得電機學士。一九六二年至美國留學，進入史丹福大學，同研究室學長包括施敏及張忠謀等人。一九六五年取得電機工程博士學位後，進入IBM公司華生半導體研究中心。

一九七一年，創立華泰電子，是臺灣早期半導體封測公司。

一九九〇年加入慈濟，成為慈濟志工；中國大陸華東水患的親身賑災經驗，深深撼動了他的心，改變了他對事業及金錢的想法。一九九六年，杜俊元和楊美瑳捐出十五億新臺幣，購得高雄愛河旁一萬兩千坪的土地，興建成為高雄慈濟園區，匯聚十方湧現的美善與大愛。杜俊元一生跌宕起伏，歷經數次生死大關，卻從未忘卻他身為慈濟人的使命與責任。

他從很長很長的夢中醒來，睜開了眼睛，感覺到全身乏力，彷彿剛經歷了一場十分真實的對抗賽，他極力地回想著自己到底在抵抗著什麼、想弄清楚敵人到底是誰……

## 一口呼吸

一陣細細碎碎的話語，飄飄忽忽地傳進他的耳裡，身上連接醫療儀器的各種輸液、監測管線讓他沒辦法轉動身體，只能奮力地睜大了眼睛，看著護理師為他調整臉上的氧氣罩，頭頂上白晃晃的燈光照映著她一身純白的制服，他感覺像是直視太過熾烈的陽光，眼前白茫茫地一片……他艱難地呼出一口氣，下一口氣卻是像要即將游離出他的軀體，他慌張了起來，下意識地揮舞起雙手，卻馬上被一雙冰涼的手給溫柔地壓了下去；他用盡力氣集中精神，把那一口氣給找了回來。

二〇一五年五月，七十八歲的杜俊元住進了醫院，這位一手催生臺灣半導體的老者，再次面對生死大關，生命監測儀器上的指數變換著，始終不見好轉，發炎指數居高不下，體內的含氧量一直往下掉；他老是想要拿開臉上的氧氣罩，想要坐起身，覺得還有事情沒有完成，但是無法呼吸的感覺卻讓他筋疲力盡、躁動不安，連結縭五十多年的妻子楊美瑳都無法安撫他。

他無法分辨白天和黑夜，徘徊在昏昏沉沉的深淵中……那天，病房的房門無聲地開啟了，進來的不是他以為的家人，而是年近八十歲的證嚴上人行腳到臺北慈濟醫院，專程前來看他；杜俊元感覺到上人灰色衣袖的一角輕輕觸著他乾枯的手背，他竟然無比清楚地聽到上人輕聲交代了他一句話：「從現在開始，你的每一秒——都要很用心。」

原本昏沉的腦子突然之間像是開始運行的計算機，用著他自己才知道的公式得出了一個數字——「五百」，他真的相信自己每五百秒的呼吸之中，只要有一秒鐘氣上不來，他就再也回不來人世間了。當下他像是回到在史丹佛大學讀博士時，一絲不苟地做著半導體實驗的日子……他嚴肅且認真地數著、體會著自己的每個一呼一吸，拚盡力氣硬撐過每一個「五百次」的輪迴；不擅言詞的杜俊元並沒有把他獨自和呼吸奮鬥的歷程告訴一直守護在身旁的妻子。

楊美瑳的膝上放著讀了一半的書，她在等待著杜俊元這次一定也會像二十年前進行了心臟大手術之後，告訴她：「我回來了！」醫院的長廊清清冷冷地，寂靜得可以聽到自己的呼吸……

二十年前，同樣的清寂，開刀房外的家屬等候區，隨著牆上跑馬燈的翻轉，原本靜默等待的人們逐漸離開，然後再坐進了一些心事重重的人……人來人去中，只有楊美瑳一直沒有起身，她愈來愈頻繁地盯看著跑馬燈，那年，五十七歲的杜俊元進行心臟冠狀動脈繞道手術，時間早已超過了醫生當初的預估，她像是被刻意地遺忘了，正當著急地胡思亂想，突然瞥見跑馬燈閃爍了一下，顯示出杜俊元被送到恢復室了。

躺在恢復室中的杜俊元並不知道楊美瑳的焦急，而守在等候區的楊美瑳也不知道杜俊元當時正經歷了一場奇特之旅……「哪裡傳來的音樂？真好聽。」杜俊元執拗地想尋找這聲音的來源，「千萬不要跟著這個聲音走啊！」另一個似曾相識的蒼老聲音在他耳邊響起，隨之而來的一陣寒意讓他意識到自己正躺在恢復室的病床上，他禁不住低聲喊出：「上人，請救我！」隨後他就不再聽到那無法形容的美妙音樂。

## 一諾千金

那場奇特之旅的幾個月後，從鬼門關前走了一趟的杜俊元，以重生之姿迎來了一九九六年的初夏，他和幾位同行的慈濟志工陪著上人風塵僕僕地勘察了幾處預定做為高雄慈濟志業園區的土地，最後一站來到這個位於愛河旁的廢棄合板工場，樹梢在炙熱中文風不動，稀疏的陰影像補丁般地投射在被隨意扔置的腐朽破木板上；上人駐足良久環顧，從烏黑河面反射的暑氣蒸騰著所有人，大家面面相覷、滿腹疑問卻不敢問的是：「這塊地，上人為什麼看那麼久？」

上人緩緩地將手指向前方，留下一句讓眾人百思不解的話語——「將來，這裡會是一個很美的地方！」杜俊元依然垂手默立，沒有顧盼，只是安靜而專注地看著上人的纖弱背影……突然間一陣嘹亮的蟬鳴響了起來，大家下意識地抬頭朝向綠樹濃蔭看去，卻見一片湛藍天空寬闊舒展，淡淡的雲朵捲起了幾許微風，愛河水面波光瀲豔，大家不禁對這塊土地開始「另眼看待」……而站在杜俊元身旁的慈濟建築委員江子超卻對這片工場荒地有著種種現實上的考量及疑慮。

數月後，江子超去了一趟靜思精舍做例行性的會務報告，他思忖著：「得找個時間請示上人，高雄志業園區的預定地要選哪一個？師兄師姊們期待很久了……」在上人的會客室裡，上人一一詢問著每塊土地的現況，「很美的那塊土地呢？」對於上人突然間的問話，江子超一時之間竟想不起來上人所指為何，至於「預定地」，仍是懸而未決。

回到高雄的江子超向杜俊元提及自己在會客室的「一時糊塗」，卻沒想到杜俊元竟正色地向他說：「高雄志業園區的預定地，就是愛河旁那塊地。」

一九九二年杜俊元參與安徽省全椒縣慈濟村啟用，他和王端正副總執行長在新房子中抱起一對雙胞胎，滿心喜悅。（圖片提供：慈濟基金會）

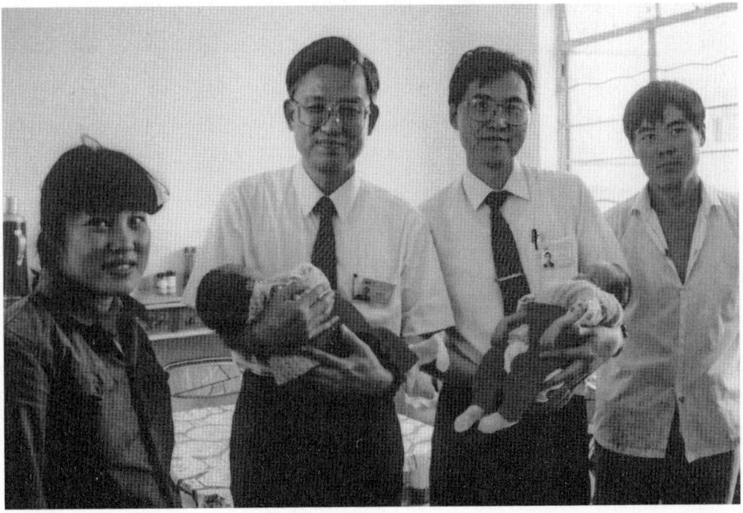

「可是，那塊地是『乙種工業用地』，地價很貴的，而且它有十個地主，產權很複雜……」江子超忙不迭地說著。

其實，這一陣子，高雄的慈濟志工們早已認定愛河旁的合板工場就是大家未來的依止處，因為只有這塊地的腹地最大、交通便利，「慈濟的志業是千年萬年，不是金錢可以衡量的。」杜俊元接下來的分析，一一讓江子超啞口無言。很快地，杜俊元找了精通土地買賣的慈濟志工顏子傑討論，也親自和那塊地的十位地主商談買地的細節，地主們都想聽聽這位身為科技業的大老闆到底為何而來？又帶著什麼樣的談判籌碼而來？杜俊元開門見山地說：「我所經營的事業不可能在市區買地，我是為慈濟而來；慈濟沒有任何談判籌碼，只有誠、正、信、實。」

「那塊地談成了嗎？」杜俊元剛踏進家門，楊美瑳便迎上來問著，他點點頭。「好，我們來捐。」楊美瑳不像是商量的語氣，反而像是宣布著一件尋常的小事，杜俊元再點點頭。之後，夫妻倆如往常一樣地平靜吃飯、準時上班、當慈濟志工，楊美瑳並沒有發覺那晚杜俊元點頭之後的，一抹淺淺、理解的笑容。

二〇一二年一月十六日，高雄慈濟杉林大愛園區民族大愛國小新校舍落成移交典禮，杜俊元恭讀證嚴上人祝福信。（攝影：莊慧貞）

合板場的土地談成了，上人也同意了，高雄區的慈濟志工們開始籌劃興建高雄慈濟志業園區；雖然杜俊元、楊美瑳兩人都十分篤定地要獨力買下這塊土地捐給慈濟，但他們也知道這只是他們的「一廂情願」，兩個人心裡七上八下地想著：「上人是否會同意我們的捐贈？」帶著忐忑不安的心情，他們搭飛機到花蓮，正逢慈濟基金會骨髓捐贈資料中心於花蓮靜思堂舉行「骨髓移植國際研討會」，楊美瑳一直等待丈夫主動和上人提及捐地的事，沒想到杜俊元依然如同往常般陪坐在上人身旁，依然安靜得一句話也沒有……「我去洗手間一下。」杜俊元悄聲地和楊美瑳說了一聲，趁著空檔離席了。

眼看時間一分一秒流逝，楊美瑳鼓起勇氣向上人說明了土地已經談妥，而她和杜俊元兩人想要捐地的意願。

果然上人搖了搖頭，並不同意，楊美瑳著急萬分地猜想：「上人是不是擔心金額太大了？」

「沒關係！我們的就是慈濟的。」楊美瑳想也不想地就脫口而出，接下來她也記不得自己還說了些什麼，只記得最後看到上人微微笑地看著她……十分鐘後，杜俊元再次回到座位上時，看到楊美瑳微微泛紅的雙頰、發亮的眼睛，他心裡知道上人已經同意了。

就在這塊土地以兩年分期付款談妥之際，慈濟基金會副總執行長林碧玉再次走訪了愛河邊的這塊志業園區預定地，身形瘦小的她不是重回當初上人停駐的地方，而是逕自朝著蔓草叢生的方向，穿越了這塊凹凸龜裂的土地，她跨上一個土墩，轉過身來背向著愛河，看著這片被上人預言的「美麗之地」，她徘徊、沉思，然後大步循著來時的小徑離開了愛河畔。

林碧玉講話一向簡單、直接，她告訴杜俊元：「這塊地的面積只有八十九公尺，而縱深又太深，您覺得是不是應該把右邊那塊面積五十一公尺的廢棄合板場也連接進來？」他點點頭，旋即親自登門拜訪那塊地的地主，只是這次地主要求以現金一次交易。一九九六年的秋天，杜俊元及楊美瑳以十五億新臺幣，買下愛河邊總共一萬兩千坪的土地，捐贈給慈濟。

原本荒廢的合板場土地即將展現新生命，而高雄山區也正從三十年來最大的風災中逐漸復原；一九九六年七月三十日，賀伯強颱侵襲臺灣，摧毀高雄縣三民鄉（現高雄市那瑪夏區）唯一的聯外道路，山裡八百戶人家孤立無援，兩天後全鄉就要斷糧，海鷗部隊緊急空投物資；八月五日，鄉公所向慈濟高雄分會發出求救電訊，慈濟志工隨即從四面八方集結而來，從狹窄擁擠的高雄分會出發，迂迴繞道地前往柔腸寸斷的災區勘察，路斷橋毀的地方就以人力接駁的方式，將補給物資搬上村民開來運載的卡車上。

颱風災情相當嚴重，卻也讓上人看到各地志工湧現的強大力量，開始思考這股善的「爆發力」該如

二〇〇九年莫拉克颱風造成南臺灣嚴重災害，民眾紛紛湧入高雄靜思堂當志工，齊心協力不間斷提供災民便當熱食。（攝影：羅曲娥）

何成為日後各地志工的人文底蘊；於是全球慈濟志工團體開始進行組織改造，依行政地區重新編組，落實「社區志工」的理想，讓善的力量在急難時能迅速動員，在平日能源源不絕。於是，高雄慈濟志工依著如同人體血脈的支流擴散深耕，而籌建中的高雄慈濟園區，則將會在日後成為這群志工的搏發脈動之源。

## 一門深入

杜俊元也在命運的流域中，找到生命的源頭——那個他以為自

二〇一四年高雄發生石化氣爆，杜俊元於高雄靜思堂協調中心，進行「安心家訪」動線討論。（攝影：莊慧貞）

七十六歲的杜俊元和志工前往苓雅區福居里「安心家訪」，送上祝福信及祝福禮，撫慰居民因石化氣爆而受驚的心。（攝影：莊慧貞）

己只是個「旁觀者」、只是個「配合者」的「慈濟世界」。

一九九一年的十月，中國大陸華東發生大水災，兩百萬無家可歸的災民在淮河大堤上搭起了一望無際的臨時帳篷，超過兩億災民失去家園；慈濟在兩岸分裂、互不信任的氛圍下，義無反顧地在各地展開募款活動進行人道救援，也就在這個時候，杜俊元攜著一卷潤泰集團總裁尹衍樑託付的錄影帶來到花蓮的靜思精舍，簡樸的會客室裡，上人正和一群志工討論著援助安徽及江蘇水患的各項工作，他靜靜地坐在一旁聽著，愈聽他愈覺得這項援助行動已經超越了任何組織甚或是政府可以做得到的，直到最後他才簡單地報告了錄影帶中所記錄的河南省固始縣、息縣的水患災情，希望慈濟能夠加以援助；上人聽了之後，只是簡單地請他把錄影帶留下來。

與上人短暫的會面後，杜俊元剛步出精舍，常住師父卻悄悄地拉住了他，「杜師兄，您怎麼給上人蓋了個這麼大的籠子啊？」一頭霧水的他看著師父滿臉的愁容，驚覺自己是不是做錯事情了？原來援助安徽及江蘇水患的金額已經超過了慈濟的能力範圍，實在沒有辦法再承擔河南的援救工作，杜俊元帶來的這一卷錄影帶，無疑是為慈濟再加上一記千斤重擔，他心裡想：「看來是不可能援助河南了。」

杜俊元沒想到竟在幾天後的報紙上，赫然看到了慈濟增援河南的報導。「杜師兄，您去一趟安徽吧！」隔年，上人讓他隨著慈濟志工及精舍的師父們，參與安徽省全椒縣「慈濟村」的啟用、致贈房屋所有權狀，他以為此行就是跟著慈濟志工「行禮如儀」就好，沒想到踏上這個飽受水患肆虐的土地，迎面就是一陣陣被大水泡過後的泥土腥味，不斷颳起的寒風吹亂了他一絲不苟的頭髮；他得閉緊嘴巴、瞇著眼睛，才能對抗撲得他滿頭滿臉的風沙。

在抵達全椒縣的路程中，他和大家一起搭車換搭船，然後再搭車、步行……終於見到那興建在嶙峋丘陵地上，一棟棟整齊嶄新、和大地融為一色的磚瓦房舍，大紅喜氣的春聯宣告著春天即將到來，一群興奮、開心的慈濟村村民迫不及待地拉著慈濟志工進到「新房」，冬日的陽光將刷白的牆面映照得更為溫暖，「新房」裡的年輕夫妻把穿著黃衣紅褲的雙胞胎嬰孩放到他和慈濟基金會副總執行長王端正的懷裡……無情水患造成安徽省四千八百多萬人受災，抱著這在大難後出生的新生命，杜俊元覺得自己和這群山裡的子民，像是前世就已相知、相守。

那股莫名的熟悉感覺，隨著白日的奔波勞動，逐漸化為滿盈的喜悅。其實他在四年多前就檢查出罹患心肌梗塞，一直靠藥物維持，他知道上人考量他的身體狀況，明知他最想去一心掛念的河南賑災，卻請他改走一趟安徽，就是怕他太勞累，而這一路上靜思精舍德慈師父總是隨時關照他，在全椒縣的每天晚上都叮嚀著他要記得吃藥，他有點哭笑不得，卻是滿心的感動。

從安徽回到臺灣後，他告訴尹衍樑：「你、我想做，卻做不到的事，只有慈濟能做到。」杜俊元放棄了原本想成立基金會的念頭，一向行事低調的他卻首開了臺灣企業家裸捐的風氣；二〇一一年，身價千億的尹衍樑也決定捐出個人財產的百分之九十五，成立公益基金會做公益。一九九二年的感動仍然持續著，兩年後，一九九四年「慈濟大專青年生活學習營」和上人的座談中，杜俊元暗自決定將畢生的財產捐出，這個決定在隔年歷經了心臟的大手術後，變得更為清晰、積極。一九九六年，妻子一句：「我們捐地吧！」促成了高雄靜思堂的誕生，讓這處原本是一片荒蕪的河畔乙種工業區成為了高雄第一個社會福利專用區。

楊美瑳覺察到杜俊元從安徽回來後的明顯轉變，但是他們兩人都沒料到生命中更大的轉變即將降臨。

## 一無所有

午後的陽光無聲地透進了窗戶，杜俊元沉默地凝視著前方，空氣中浮游的細絲漫無目的地隨著不知名的力量緩緩飄移，辦公室裡的低氣壓令人喘不過氣來，而他的腦海中只剩下不斷轟然響著會計師今早告訴他的話——「杜先生，華泰電子將面臨六十億的財務缺口……」早已退居事業第二線的他怎麼也沒想到，在他六十四歲這年，經營了三十二年的企業竟然跌了這麼大一跤，會計師精算出的缺口數字攤在他眼前，他問自己：「這個公司，要不要救？」

而老天爺更像是接二連三地開著惡意的玩笑，杜俊元的結腸、攝護腺全響起了警鐘，折騰著他日漸削瘦的身軀，「你回來吧！回來慈濟的醫院，這是我們的家啊！」上人開口要他「回家」，於是他到了慈濟醫院接受治療；治療之餘，他也留在醫院當志工，或是回到花蓮靜思精舍休養，精舍的生活規律，吃得清淡，他的身體確實獲得了很好的醫治和照顧，當志工的同時也能短暫地忘卻肩上沉重的壓力，只是某個空檔、某個片段，他還是清楚地認知到自己終於一無所有了。

那天他和上人不期而遇，斑駁的樹影投映在精舍的木廊上，影子晃晃盪盪地像他強壓在心底的驚濤駭浪，他直挺挺地跪在上人面前，艱難地說出四個字——「弟子不孝！」在風拂樹葉的沙沙聲中，他聽到上人輕輕地嘆了一口氣說：「來去一場空啊！」他抬起頭，在向陽中只看到上人彷彿如剪影般，似遠實近，一顆搖晃著就要溢出眼淚的心，卻在那一瞬間篤定了，他站起身來，明白接下來要怎麼做了。

他決定賣掉矽統科技股份有限公司屬於自己的持股，「矽統」是一間體質優良而且賺錢的公司，他要——「賣矽統，救華泰」，從二〇〇二年十月十四日到二〇〇三年一月六日，他在八十一天內賣光了手中的股票，挹注華泰電子的虧損；二〇〇三年，白髮蒼蒼的他在風雨飄搖中，重新接掌華泰電子董事長，每天自己開車到公司，全年無休地和員工一起上班，力挽狂瀾重整財務及營運，面對如滾雪球般一天就要支付公司及個人一百五十萬元的借貸利息，他開誠布公地和銀行討論還款計畫，銀行經理望著他書架上擺放著的慈濟書籍，沉思許久……

杜俊元每天周旋在銀行、

高雄靜思堂舉辦七月吉祥月祈福會，精神矍鑠的杜俊元莊嚴獻供，上報佛恩、親恩、眾生恩。（攝影：陳裕炎）

供應商、客戶、員工之間，換取華泰電子的生存時間，他沒有責怪任何人，只怪自己監督不力，但是排山倒海的困境以迅雷不及掩耳的速度一波波襲來，沒有人知道，在明亮的辦公室裡，他曾數度長跪在佛陀的法像前，請求佛陀給予他走下去的力量；沒有人知道，在夜色濃得像黑墨的時刻裡，他默默讀著《地藏經》，「……未來世中，若天若人，隨業報應，落在惡趣，臨墮趣中，或至門首，是諸眾生若能念得一佛名、一菩薩名，一句一偈大乘經典，是諸眾生，汝以神力方便救拔……」他翻過一幕幕地獄景象，知道自己不能對不起員工；他銘刻一句句因果警示，明白自己不能牽累慈濟。日升月移，杜俊元將挽救華泰當成自己一生最後的任務。

當華泰電子的缺口不斷擴大，公司的負債逼近百億的時候，他和妻子說了一句：「對不起，委屈妳了。」但是楊美瑳並不接受這樣軟弱的告白，她嚴肅地接受這場生命中巨大的變化，白天如常和他一起去上班，下了班由她煮飯，他則負責洗碗，她把一不小心就會傾倒崩塌的日子穩住。

對於一夕之間的一無所有，楊美瑳並沒有任何的「委屈」，

杜俊元及楊美瑳於高雄靜思堂領眾虔誠浴佛，祈願人心淨化、社會祥和、天下無災難。（攝影：陳裕炎）

她時常想起幾次在上人面前發窘的對話……「妳的手怎麼了？」上人看著她被包紮著固定板的手指。「師父，我比手語下臺階時跌倒了，手指骨折……」她不自覺地伸出仍然疼痛的手指，下意識地期待聽到安慰的話語。「不用心！」上人輕輕轉身離去，徒留她獨自體會一陣一陣的抽痛。

只要上人來到高雄，楊美瑳和杜俊元一定會在早上六點就到慈濟高雄分會，這天清晨的露珠還在陽光裡一閃一閃地發亮；楊美瑳抵達分會餐後不久，上人走過列隊的志工群，準備離開了，看到站在隊伍中的楊美瑳，輕輕地問了一句：「妳來吃早餐喔！」目送上人離去，覺得被誤解的她，心裡難過得像壓著一塊大石頭，「上人這麼說，一定有他的深意。」她在心中思索著，千百個念頭翻湧……最終懂得了是自己做得仍不夠好，從那次之後，她擺脫了那股「抽痛」的感覺，擁有了「不委屈」的力量。

二〇〇二年，杜俊元和楊美瑳的一生心血面臨存亡之際，高雄靜思堂動土了，十一月二日這天，盈灑著一片明亮的暖陽，在志工們的引頸期盼中，杜俊元和其他慈濟志工，伴隨著高雄靜思堂的模型，走過已經整平的工地，鏟下泥土，動土儀式簡單莊重，楊美瑳目不轉睛地看著丈夫，忍住欲奪眶的眼淚，只有她才看得出來，杜俊元是要以多麼大的精神力量，才能支撐得住那灑在他削瘦肩頭上的點點陽光。

高雄靜思堂在二〇〇六年啟用了，杜俊元仍然在華泰電子財務及企業轉型的激流中，堅持拚搏著，他肩負慈濟大愛電視臺董事長的責任也未曾一刻卸下；楊美瑳則持續地習茶，成為慈濟「靜思茶道」的講師；甫落成的靜思堂在在都需要關注，事事都需要關心，兩人依然承擔著慈濟志工的工作。就在大家逐漸淡忘他們正在經歷的驚濤駭浪時，事情卻悄悄地出現了變化；二〇〇七年，全球最大的獨立記憶體模組製造商「金士頓科技」創辦人孫大衛，對華泰電子伸出援手，杜俊元怎麼也沒想到，當年他曾經協助這位資金全賠光的年輕人二

二〇〇二年十一月二日，高雄慈濟志業園區靜思堂舉行動土典禮，儀式簡單隆重。（圖片提供：慈濟基金會）

度創業，二十年後，他竟回過頭投注資金，成為支持華泰電子從深陷的谷底向上翻轉的重要力量。

## 一生無量

燦爛日光一日日地去了又回，金黃色的光芒沿著高雄靜思堂的人字形屋脊東升，然後西沉，接著月色靜靜籠罩……只是，驟然飄至的一片烏雲，遮蔽了燦陽，帶來了猝不及防的災難；靜思堂落成的第三年，莫拉克颱風轟然而至；這場父親節前夕開始傾盆而下的大雨，造成了臺灣半世紀以來最嚴重的水災，楠梓仙溪、荖濃溪暴漲溢流，雙園大橋被攔腰衝斷，旗山鎮布滿漂流木及深厚的泥沙，毀滅性的土石流重創高雄山區鄉鎮，「小林村」一滅村……

六百八十一人在這場災難中罹難、十八人失蹤，全臺灣的慈濟志工不分日夜地投入救災及復原的工作。杜俊元看著靜思堂協調中心的白板上不斷增加的災情和紛紛告急的需求，腳步沉重地步出中心，卻赫然看到不知何時已聚集了數百人，他們排成了十幾條的「人龍」，隨著廚房大鍋掀起的白煙，快速而安靜地在每一個洗淨、消毒過的餐盒中裝入飯菜，一箱箱熱騰騰的便當馬上被輪流報到的貨車載往災區。杜俊元想加入人龍中幫忙，卻擠不進身；主動報名當義工的人們不斷湧入靜思堂的大門，他循著人聲望去，看到靜思堂外的廣場上站滿了人群，每個人都穿著雨鞋、手裡提著自己帶來各式各樣的清掃工具，而不遠處還有數十輛滿載慈濟志工的遊覽車正準備進入……

杜俊元看著高雄慈濟志工奔走安排一波又一波一心想為災民付

出的人群，志工的臉上有焦急，擔心時間不夠用、怕食衣住行不夠妥當，身上的制服被汗水濕透了好幾遍……一剎那間，杜俊元彷彿看到了一九九四年同樣的光景，那是慈濟醫學院創校的前夕，所有的事情都還在忙亂與不確定中，他甚至懷疑創校典禮是否能如期舉行？接下來的幾年，

習茶多年的楊美瑳，一頭銀髮，滿臉的笑容，就像明亮清澈的茶湯，溫暖每個人的心田。（攝影：陳裕炎）

他一次又一次地看到慈濟志工總是能夠在龐雜的訊息中逐漸理出頭緒，讓每個人都能找到自己能力所及的位置，讓看似不可能的任務順利達陣。

杜俊元轉過身，放心地將身後的陽光留給志工，此時協調中心的電話響起，有更多的慈濟志工將搭乘高速鐵路南下，加入救災的行列……

同樣的情景發生在二〇一四年，凌晨的轟然巨響，高雄市凱旋三路、二聖路、三多一路發生連環石化氣爆，人孔蓋炸飛，超

---

杜俊元和相關人員研究高雄靜思堂梁柱建材，美麗的木紋、身後的窗櫺，已可看見靜思堂的規模。（攝影：李黎鐘）

清月朗照高雄靜思堂，它匯聚了四方共振的無私付出；它是「善」的集散地，輻射出動人的助人光芒。（攝影：陳裕炎）

靜思堂

過四公里的市區道路被摧毀，爆炸火焰衝上十五樓高，汽車被炸飛到三樓樓頂，當時已到達現場的二十多名警消、義消，首當其衝，消防車墜入炸毀塌陷的路面……這場發生在市區的災難，造成了三十二人死亡，高達三百二十一人受傷，地底下隱含未知的危險，連續數月造成人心惶然不安，慈濟志工再次以高雄靜思堂作為據點，轉運著從四面八方湧來的善心和力量，展開長期且深刻的陪伴及復原工作。

這次杜俊元沒有坐鎮在靜思堂，年近七十七歲的他和其他人一起走進滿目瘡痍的災區，宛如被轟炸過的道路充斥著開挖的機械聲，天空時雨時晴，落下的雨滴夾雜著灰塵，感覺特別溽熱難耐，他挨家挨戶地敲門，送上上人的慰問信、一份慰問金或是一句溫暖的話語。

災難現場充滿變數，遇到臨時封鎖，他和志工們就必須退出預定好的關懷路線，這時就會面臨到後方的志工一片熱情急欲向前，前方的志工則因為嗅到危險而轉身回頭；當災難現場傳出仍有石化氣體外洩，大隊志工在中途被迫折返時，卻又造成已身在災區前線的志工苦等不到前來會合的志工……

種種的情境磨練著當下每個人的心智，杜俊元總是告訴大家：「不要著急，我們只是遇到了『困難』。」而他十分相信慈濟志工「解決困難」的能力，當一日的忙亂結束後，在依然悶熱的晚風中送走餘暉，早亮的星光閃在靜思堂的人字屋脊上方，杜俊元看著屋脊下透出的燈火通明，以及其間忙碌穿梭的人影，總是忍不住澎湃的情感，他打從心底感謝這座原本可以與世隔絕、自我清修的道場，卻願意承受著雜沓的腳步踩在它的身軀上，讓滾滾的紅塵流經它的每一條血脈，再化成汩汩的清流，迎接每一個悲歡憂喜的日子。

就在高雄石化氣爆即將屆滿一個月的時候，杜俊元帶著慰問的禮物走進了仍然位於災區前線的前鎮消防分隊，他將一盒象徵團圓的月餅交到分隊長曾建國

二〇一四年氣爆意外，杜俊元至消防局前鎮分局關懷救災人員，向分隊長曾建國說明「福富足妙音」播放器的意義和使用方法。（攝影：許秀真）

的手上，拍了拍他的肩說：「要安心啊！心能安，就有福啊！」一臉疲憊的曾建國看著眼前這位白髮皤皤的老人家，對他流露出像父親一樣內斂卻又無盡的溫柔，他的腦海不斷浮現一起出生入死的夥伴受傷的畫面，這一個月來的堅強就要潰堤，身材魁梧的他忍不住向前跨了一步，顫抖而低聲地問杜俊元：「我可以抱抱您嗎？」杜俊元緊緊地擁抱他……這一年，華泰電子正式轉虧為盈，歷經十三年，杜俊元俯仰不愧地信守了他對華泰的承諾，完成了華泰電子艱鉅的轉型工作。

## 一念永續

二〇一五年夏天，杜俊元因為愈來愈劇烈的咳嗽被送進了加護病房，他在病床上和每一口呼吸搏鬥……高雄靜思堂裡已久未見到他的身影。

日光輕輕地緩步游移著，從講經堂上如蓮花瓣的窗櫺中，靜靜地灑落如樹根盤生的光影……當他終於踏出臺北慈濟醫院時，時日已經從盛夏走到了秋末。

已經七十八歲的杜俊元和妻子雙雙宣布退休，曾經的繁花似錦；曾經的來去一場空；曾經的老驥伏櫪，此刻都化成縷縷清

杜俊元、楊美瑳護持慈濟志業，一念初心永不移。(攝影：阮義忠)

風，徐徐穿過他的衣袖、他的生命。

大病初癒的杜俊元在二〇一六年的農曆年節，偕同妻子回到了日夜思念的慈濟靜思精舍；小年夜這天，上人在會客室輕輕地問杜俊元說：「你回來了？『回來』，就是最好的禮物！」杜俊元慢慢地跪下，鄭重地向上人頂禮拜年，千言萬語沉澱在心底，只聞滿室淡淡茶香……

春節假期，迴廊上參訪的人潮如織，楊美瑳為大家奉上一杯溫熱的小葉紅茶，白色的瓷杯裡，明亮清澈的茶湯，透著琥珀色的晶亮光澤，輕輕啜上一口，就能聞到甜甜的蜜香和果香味，然後在咽喉間轉成木質的香氣……溫軟的小葉紅茶帶著些微的收斂性，入口後仍可以感受到相當渾厚的餘韻，就像他們夫妻倆一路走來的人生風景。

二〇〇五年七月九日高雄靜思堂景觀工程動工，擔任總協調的李義輝(左)參與連鎖磚的鋪設。(攝影：李黎鐘)

# 藍圖——李義輝的故事

文◎薛燕春

## 【李義輝小檔案】

一九四八年生於高雄紅毛港聚落，李義輝是父母最小的兒子。一九七五國際商專畢業後，先後任職於臺灣塑膠公司及臺中新豐製藥公司。一九八八年經夏雪幸介紹加入慈濟，積極參與慈善訪貧、災難救援的任務。他善於規劃，個性一絲不苟，曾任南區慈誠隊第一、二屆副大隊長。一九九六年辭去工作成為專職的慈濟志工，接任第三、四屆南區慈誠隊大隊長及高雄區第一屆合心隊隊長。一九九九年九二一大地震後，與南區慈誠隊承擔興建大愛屋。二〇〇五年承接高雄靜思堂景觀工程、河堤路南段開闢工程、河堤公園工程的總協調，人力、材料的調度工作勞心又傷神，搶晴天戰雨天的工程耗盡體力，但他總是一貫地從容淡定，因為他要為高雄慈濟志工造一個美麗的家，為慈濟造一座千年建築。

黃昏時刻，靠海的雙園大橋上颳起陣陣強風，一個女子在橋面上駐足，她那突然縱身往下跳的身影，驚動了來往的車輛……有些車的速度慢了下來，有的甚至停靠在橋邊，圍觀的人愈來愈多，有人急得大喊：「為什麼一一九消防隊還沒來？」有人雙手合十地唸著：「觀世音菩薩——」幾個年輕力壯的男子拚命地往橋下跑，從無線電中聽到訊息的李義輝趕緊放下手上的工作匆匆趕到現場，可是搜救已經接近尾聲，他來不及加入他們，只能站在橋上往下看，他的眉頭深鎖，一顆心緊緊糾著……

## 瘋狂造船夢

儘管是中秋夜，他卻一點睡意也沒有，滿腦子盡是幾小時前發生的事，女子的輕生讓人心痛、不捨，但他更遺憾的是——為什麼救生艇來不及救她？高雄海上救難協會那艘輕便、平穩、機動的PE艇，就算全速行駛，卻仍趕不上人體下沉的速度……李義輝不由得想起自己從一九八八年加入慈濟之後，歷經幾次的颱風救災工作，擔任大型合心防災協調中心召集人的他，除了擔心豪雨帶來的嚴重災情，其實更掛心可否順利進到淹水地區為災民送救急物資，因為高雄區「水運組」的那兩艘橡皮艇，和救難協會的PE艇相比，無論在材質和功能上，都實在相差太遠了，這天晚上他悄悄地在心中下了個決定。

「你要造船？我們有橡皮艇啊！」同為水運組隊員的韓玉銅滿臉吃驚的模樣，「對，就是造船，造賑災船。」李義輝斬釘截鐵地回答，這是女子跳水後的第二天，這點子看似瘋狂，卻已在李義輝的心底醞釀許久。每年夏天，只要颱風過境或接連幾日大雨，南部總有些鄉鎮會變成水鄉澤國，雖然慈濟已經成立了「急難救助隊」，但是碰上水患動輒淹到半樓高，若沒有軍方或其他民間救難隊的專業設備配合，賑災工作就會步步艱難。一九九四年高雄縣岡山鎮連日豪雨成災，慈濟的救災小組便是聯合軍警消三方，在軍方的卡車與橡皮艇載

一九九八年成立的慈誠急難救助隊，在集訓課程中，李義輝(右)指導隊員救生繩結打法。(攝影：林道鳴)

運下，才能將三千份的熱食、乾糧、礦泉水，安全而及時地分送給災民。

然而，大部分的時候，慈濟志工要靠雙腳一步一步推進災區，水位高度從腳踝、小腿，最後到半個人高，就再也無法往前了，辛苦準備的便當、熱食統統送不進去，只能焦急地等待水位退去。李義輝總是在災難前線，不斷地撥打電話借橡皮艇，但回應他的是一通通無止盡的「嘟——嘟——」聲，他早就習慣這種四處碰壁的事了，好不容易電話通了，答案竟是：「我們正在使用，等水退了再來借。」李義輝內心感到有些委屈，「水退了還需要借嗎？」卻也只能安慰自己：「沒關係。」挺直腰桿，深吸幾口氣，繼續打電話。「不能隨便借，要正式發公文過來才行。」這通電話徹底打垮了他的士氣，一股怒氣衝上腦門，他差點脫口而出：「都淹大水了，還要發什麼公文？」

接下來的兩年，賀伯颱風及岡山鎮嘉興里的水患連番肆虐，大水來得又猛又急，半天就可以讓一個鄉鎮變成汪洋，居民連撤離的時間都沒有；當小路變成了大河，大馬路成了內海，坐在借來的橡皮艇上運送熱食，掌舵的慈誠隊員分分秒秒都得全神貫注，因為一個閃失，迎面而來的可能就是一臺大冰箱或是一塊漂流木，他得一會兒向左閃，沒幾秒又要趕緊向右躲，彷彿參加一場障礙賽。雖然橡皮艇發揮了運送功能，但淹水區暗藏的險惡，遠遠超過想像，橡皮艇被不明利器刺破的風險遠高於PE艇。

這些慘痛的經驗讓李義輝深刻感受到——「沒有自己的船，救災只能做半套。」一九九七年十月，在證嚴上人一句——「一切要以人員的安全為優先考量」的叮嚀及首肯下，南部慈誠大隊於一九九八年六月十六日，正式成立「水上運輸組」（簡稱「水運組」），由身強體健且深諳水性的十九名慈誠隊員組成，慈濟志工蔡秀鑾及張清正、張素瑜夫婦隨即捐贈了兩艘橡皮艇，身為水運組組長的李義輝著手推動後

一九九七年高雄區連日豪雨，造成岡山鎮嘉興里等地水災，慈誠與委員一連兩天至現場勘察受災情形，並為受災戶送上熱食、乾糧、礦泉水，給予最關切的慰問。（圖片提供：李義輝）

續的訓練課程，包括橡皮艇操作、CPR心肺復甦術、機械保養維修，以及無線電對講機的使用等等。

女子的跳水事件成為李義輝想要在水運組造船的契機，韓玉銅深知賑災工作的艱辛，以及橡皮艇暗藏的危險，他選擇情義相挺，於是兩個人展開了史無前例的造船工作；消息一出，引起隊員很大迴響，「誰來造船？」有人提出疑問。「放心好了，這麼多的志工，隨便找都會有。」李義輝信心滿滿地回答。

一個多月後，出現第一道難關——沒有會造船的志工，這意料之外的結果，打亂原有計畫，但李義輝不輕言放棄，依然四處奔走、打聽，卻一直沒有進展，這天他呆坐在家裡，心情很是低落，無奈及無力感同時湧現，不知過了多久，突然有個聲音在心底出現：「用心就是專業。」那是上人常常勉勵弟子的話語，他的眼睛亮了，猛地站起身，告訴自己：「既然找不到人，那就自己來吧！」

他學的是商科，根本不懂工業設計，只好到處請益；當時，除了李義輝，慈誠隊員也分頭打聽尋找會造船的專家，終於透過層層朋友的輾轉介紹找到了有造船經驗的專家，只要有人願意教，即使對方造的商船及軍艦與自己要造的賑災艇完全不同，大家還是卯足全力地學習。有了造船的基本知識後，他和水運組的成員便把所有的畫圖工具全買齊了，各自開始坐下來畫賑災船草圖。

兒子的書桌被他佔據了一整晚，卻什麼也畫不出來，連筆芯也頻頻折斷，彷彿故意作對似地，他氣自己的頭腦不靈光，拿起橡皮擦猛往圖紙上用力，手背上暴露的青筋清晰可見。幾個星期後，船形藍圖終於出爐，李義輝酸澀的雙眼眨了又眨，目光不經意地移向一旁擺滿資料夾的書櫃，映入眼簾的「訪視個案表」五個字，瞬間勾起回憶，他啞然笑了，因為這不是他在慈濟畫的第一張圖。

六月的酷暑天，樹葉被吹得唰唰作響，這難得的清涼卻對樹

一九九九年三月二十一日全省慈誠幹部聯誼會於高雄分會舉行，同年並制定「南區慈誠隊培訓動態考核辦法」，此時也是南區慈誠隊轉型的開始。（圖片提供：李義輝）

下的訪視志工起不了作用，額頭上豆大的汗珠接連滾下來，李義輝手上的「個案記錄表」都快皺成一團了，他看著手錶的指針指向十一，代表已經被困在這裡快一個小時了，預計要看的四個訪視個案，到現在一個也沒找到。

「應該是從這裡彎進去。」

「不對，不對！要下一條路才對。」

「咦！那間雜貨店怎麼不見了？」

志工們議論紛紛，明明記得有一間雜貨店就在大榕樹下，現在突然不見了，負責帶路的人只好搔搔頭表示無辜與愧疚，「個案記錄表」上也記載著照顧戶就住在路的盡頭，可是大夥兒就像置身在迷宮中一樣，怎麼轉也轉不出去，就算車子來回繞了好幾圈，最後還是回到原點。「唉呀！怎麼又錯了。」不時聽到這樣的話，著實讓人氣餒；每個月的個案訪視，「找路」便成為一件大家最頭痛的大事。

## 孜孜手繪圖

參與關心貧戶的訪視工作一段時間後，李義輝發現大橋邊、墳墓旁、陸橋下、甚至深山裡，都會有慈濟「照顧戶」住的家，荒郊野外根本沒有地址邏輯可言，為了尋找下一個門牌號碼，往往得繞過山頭，走過不知名的小路，都還可能找不到，而沒有地址的違章建築，難度就更高了，他記得上人曾叮囑：「要多用一點時間和照顧戶說說話，聽他們訴說心中的苦悶，多用心思膚慰與關懷陪伴。」但是，訪視志工一個月才能來探訪一次，光是找路就花了大半天的時間，講不到幾句話匆匆又要離開，李義輝總覺得這樣的訪視品質辜負了上人的託付。

他不想辜負上人，也不想為了找路轉到頭暈，於是想到「畫地圖」或許是一個解決的好方法，從此紙筆不離身，一邊走路一邊記下特殊的地標，還會喃喃自語：「路的盡頭是海水浴場，對面有個菜市場，就從旁邊的巷子進去……」他更帶著買來的地圖，確定好方位，依實際情況一一畫上鐵軌、彎路、叉路，再分別標上箭頭、記號，他繪成的一張張地圖，清楚標示出每個照顧戶的正確位置。

他不單只是畫，還要進行實地演練。有時他帶著全家出遊，路標分明指向右轉的風景區，李義輝卻將方向盤向左攀，「我左轉進去一下，試試看地圖畫得對不對？」看著風景區的距離愈來愈遠，明知道拗不過他，太太還是忍不住嘀咕：「跟你出來玩，實在很無趣。」他常常一次兩次地照著標示路線繞到照顧戶的家去，只為了把地圖標示得更精確，凡是他參與過的訪視個案都會留下清晰的指引地圖，讓後續接手的訪視志工省去找路的時間，而能有更多時間和照顧戶互動。

參與訪視近兩年多的時間，他一絲不苟地親手畫了三百五十三張訪視地

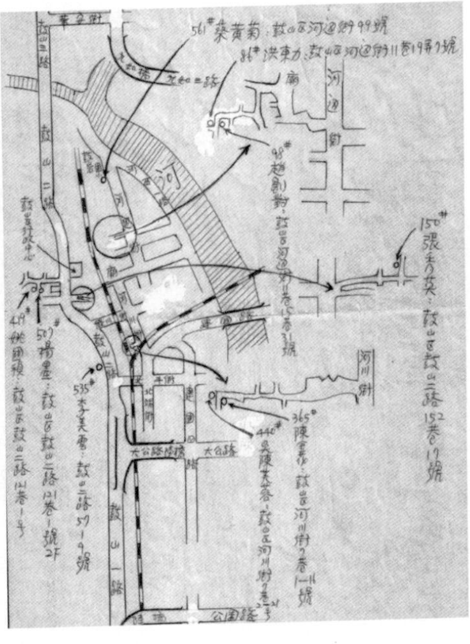


從一九八八年到一九八九年這段期間，李義輝親手繪製了三百五十三張訪視地圖、五百零五張個案地圖，解決了找路的問題。（圖片提供：李義輝）

圖共五百零五個個案，整齊地收錄在檔案夾裡，而訪視檔案夾的旁邊，就是一張張他自學自修繪製的賑災船藍圖。

李義輝綜合了水運組隊員們的建議，考量日後需以環保車運送賑災船，便將船身設計為長度三百九十公分、寬度一百五十公分，還有多餘的空間可擺放船槳、救生衣、船外機、油箱；他和韓玉銅找來具備專項技能的隊員組成製作團隊——鐵工要打造骨架，焊接師傅負責銜接，木工專作造型……一群不懂造船的人以土法煉鋼，歷經三個月的努力，「慈誠一號」終於誕生。由聚胺乙酯發泡板的賑災船，雪白色的船身上漆有綠色的慈誠隊標誌，隊員們圍著它歡呼，臉上的笑容和陽光一樣燦爛。

二〇〇二年五月，「慈誠一號」在豔陽高照的永安漁港下水試航，大家站在岸邊興奮不已，準備見證這歷史性的一刻，當船在海面上往前移動時，現場響起了熱烈的掌聲，李義輝七上八下的心，頓時輕鬆不少，不久，無線電的訊息陸續傳來——

「啊！船頭怎麼會翹得這麼高？」

「看不到前面了。」

「沒辦法轉彎……」

他的心情一下子跌到谷底，失敗的試航後，幾位核心隊員討論了許久，原來問題出在「太貪心」；為了載運更多的賑災物資，畫圖時只想把船身做大，賑災船成了重達一百一十六公斤的龐然大物，卻忽略了極為重要的關鍵——靈活度。

更換骨架材質的第二代，重量少了一半，儘管靈活輕巧，但搭載三個成人以後，所剩無幾的載重量，讓翻船的可能性增高，李義輝不敢忘記上人的交代——「一切要以人員的安全為優先考量。」那段時間，他在圖紙上畫了又擦，擦了又畫，水運組員與他畫了無數的圖樣，模擬出一個又一個的可能，卻在討論過後又逐一被推翻……

一邊修圖，再一邊製作、修正，當時高雄新會所的拆除工程也在進行中，他們被迫移師到臺南靜思堂繼續造賑災船的工作，為了不造成任何干擾，他們只能在密閉的地下室作業，忍受著切割產生的噪音、黏著劑及泡棉的刺鼻氣味，還要不間斷地修修改改；兩年後，第四代賑災船完工，船身外緣的腳踏板裝有支撐骨

一九九八年六月十六日南區慈誠大隊成立「水運組」，有了自己的橡皮艇，賑災工作就不會步步艱難。(圖片提供：黃喜連)

二〇〇四年第四代賑災船完工，提升了安全性和平衡度，而且耐用年限長達十年以上。(圖片提供：李義輝)

301 誠

架，提升了安全性及平衡度，而且耐用年限長達十年以上。

從第一代到第四代，他們前後共製作了十一艘賑災船，供予全臺各區的慈濟急難救助隊駐守待命。當初一念單純的心，從什麼都不懂開始，到成功造出賑災船，能夠在災區發揮救人的功用，是大家始料未及的；這個造船夢不但凝聚了南區慈誠隊員的向心力，也讓慈誠隊有了不一樣的氣象。

## 鐵漢有柔情

慈誠隊的前身是一九八九年慈濟護專開學時，自發性組成的「保全組」，主要負責兩萬人慶祝活動的秩序維護工作；一九九〇年七月二十五日，經上人正式命名為「慈誠隊」——「慈」為慈悲，「誠」表赤子之心；慈誠隊的成員來自社會各階層，有著男性重視組織、講求紀律的特性，在一向以情感細膩為主的慈濟組織及行動中，慈誠隊員必須在慈濟的勤務中，快速且柔軟地轉換各種角色，這並不是一件容易的事，因此李義輝在一九九七年擔任南區慈誠大隊的大隊長，每一項勤務、人力的安排，都會再三斟酌，將隊員放在適當的勤務中，以確保「做就對了」及「做對的事」兩個大原則。

一日，他正等著過馬路至前方的靜思堂，當擔任交通指揮的慈誠隊員的哨音響起，李義輝的目光正巧投向那位隊員，腳下一雙沾滿汙泥的鞋，領帶鬆垮地垂著，不合尺寸的帽子下是汗濕的亂髮，連握著指揮棒的手都還沾有水泥，他知道身為泥水匠的隊員一下班就趕來值勤交通指揮，李義輝拍拍隊員的肩，露出略帶拘謹的笑容問：「剛下班？辛苦了！有吃飯了嗎？」

「感恩大隊長，有吃了一點點。」隊員的表情很靦腆。

隊員的狼狽模樣一直在他腦海中揮之不去，「難道慈誠隊給人的印象就只有草莽？」答案絕對是否定的，於是他想到──「改變」；那晚，他著手為慈誠隊員們畫了一張「打領帶」的步驟圖示。李義輝與慈誠幹部討論過後，認為改變外在形象最快也最簡單，尤其每年歲末，證嚴上人在慈誠、委員的授證典禮上總不忘叮囑弟子：「右肩要挑起如來家業，左肩要擔起慈濟精神，胸前呈現個人的氣質。」

之後，在慈誠大隊每月的共修會議裡，李義輝提出包括服裝儀容、出席率、勤務狀況、慈濟精神等，屬於南區慈誠隊員特有的考核辦法，果不其然地面對了排山倒海而來的反對聲浪。

「打分數？別開玩笑了。」

「什麼！考核項目這麼多？」

「要受證，還要先通過大隊部的考核？」

「人家願意來做志工已經不錯了，還要求這麼多？」

他一如往昔地不慍不火，針對大家提出的疑問，仔細地記錄下來。

深夜裡，望著紙上密密麻麻的字，思考良久，桌上的那杯熱茶早已涼了，但他的心卻愈來愈熱，最後坐不住了，乾脆站起身，突然有所領悟——慈誠隊絕不能原地踏步！想到上人說過「有心就不難」的道理，他決定堅持建立制度、改變現狀，不僅如此，他將所有勤務改用排班輪值的方式，放棄主動認養的舊作法，讓志工有適度的壓力，才能建立責任心。

他一次又一次地利用各種機會，向隊員逐一解釋新的制度，並策劃花蓮靜思精舍的「精進佛二」活動，藉由深入佛教精義達到淨心、修身的目的，同時著手編輯《南區慈誠隊簡介》，將慈誠隊的使命及精神，以簡要的文字及圖片清楚呈現，這份他一字一句刻畫的簡介成為隊員們的共識，之後他又隨著組織的變革陸續增修相關規範成冊，這些都成為南區慈誠隊早期最重要的依循規範。從此，隊員開始展現出不同以往的氣質，四季就在鎮日的忙碌中，不知不覺地從春天流轉到深冬。

冬季的夜晚，空氣中透著寒意，來開會的人特別少，李義輝站在會議室外面；當急切又零亂的步伐從漆黑的走道盡頭傳來，他困惑地等待著，很快地，一對父子的身影出現了，小男孩的臉上還掛著來不及擦掉的鼻水，李義輝彎身摸摸他的頭：「小菩薩，你好乖，跟爸爸來做慈濟。」

「媽媽今天不在家，爸爸放假都去慈濟，都沒帶我出去玩。」男孩嘟著嘴說完，然後用力一吸，把掛著的鼻涕倒抽了回去，沒預期到這樣的童言童語，兩個大人尷尬地呆立著，而李義輝心中有更多的自責。

隔年春天，一向低調、正經的慈誠隊居然舉辦了一場「合心互愛團結趣味大競賽」活動，範圍從嘉義到屏東的南部慈誠隊員和家屬們歡樂地參加各項趣味競賽；流鼻涕的男孩也和爸爸在隊伍中，他笑得特別開心，還跑到李義輝身邊抬著頭說：「爺爺，我有拔河喔！今天很好玩！」滿頭白髮又不常笑的李義輝，也笑著抱起男孩說：「你好棒！」他不知如何對孩子啟口的是——因為他才有這次的活動，李義輝其實有好多感謝的話想對男孩說。

看著競賽活動中的天倫之樂，李義輝默默地嘆了一口氣……家裡的老爸爸行動不便又特別黏人，每次要出門，總得找來哥哥或姊妹替代他的角色；「晚上還有個會議要開，我要出去一下。」他坐在床邊小聲說著，沒想到，老爸爸翻過身面對牆壁，還把棉被拉得很高，蓋住了整個頭，知道爸爸又鬧脾氣了，李義輝一步都不敢走開，又哄又騙地說了好久，老人家才勉強點了點頭。

## 慈誠英雄帖

看著已然熟睡的爸爸，李義輝呆坐在床沿，陷入兼顧家業與志業的兩難……不久之後的一場天搖地動，讓他無從再多猶豫；一九九九年九月二十一日的深夜發生芮式規模七點三的強震，造成全臺十多萬戶房屋全倒及半倒，災後第七天，仍是一片混亂、悲傷、百廢待舉的時刻，慈濟已經展開大愛組合屋的動工興建。

這幾天對李義輝而言，分秒都是煎熬，雖然心懸災區，但爸爸住進加護病房，他必須守在他的身旁。當老人家的病情好轉也出院了，他將父親委託家人照顧，隨即趕到重災區的南投縣集集鎮，因為承擔組合屋工程的南區慈誠隊更需要他的帶領及陪伴。

他無緣見證傳說中的風景名勝，觸目所及皆和廢墟沒兩樣，面對數不清的帳篷與餐風露宿的災民，他沒有時間悲傷，心裡想的都是災民們的「家」；夜晚，他仰頭看著皎潔的月色，悠悠地嘆著氣想著：「中秋過後天氣會變涼，未來的日子會不好過啊！」

忙了一整天，隊員們都因勞累而呼呼大睡，李義輝獨自鑽出帳篷，踩著泥濘走向工地，一再地來回巡視，直到安心為止。來災區前，他早有和時間賽跑的心理準備，但面對的除了人力、物力的調度之外，還有天氣的考驗，如此多變的狀況，讓經驗豐富的他第一次感受到前所未有的壓力。

為了縮短往返時間，慈誠隊的帳篷就直接搭在工地旁的田裡，連續幾天的大雨，低窪的農田成了蓄水池，只能匆忙遷往附近的國小；下雨天無法施工，想到災民無家可歸，好多人急得頻頻追問：「大隊長，一直下雨，大愛屋怎麼蓋啊？」

「這一定會來不及的，怎麼辦？」

李義輝何嘗不急，但他知道這時候絕不能自亂陣腳，先穩住心最重要，他要大家養足精神等雨停，之後再加倍地努力把進度趕上；三天後，雨終於停了，大夥兒迫不及待地回到工地，搶晴天、戰雨天地工作著，黑夜裡，臨時架設的照明燈照亮整個工地，各個角落都有敲敲打打的身影。

大太陽下戴著安全帽接聽電話的李義輝不停地說：「感恩！感

恩您們來幫忙！」電話那頭不停回報著：「師兄！明天高雄有五部遊覽車會到工地。」

「明天嘉義有三部遊覽車。」

「明天屏東大約有一百人。」

李義輝笑臉的背後其實是更多的擔憂，白天他要監督工程進度，晚上還得規劃隔天的人力配置，但真正參與人數永遠都不在他的計劃之內，可能只有幾十人，也可能一下子爆增到幾百人，假日甚至會高達數百人，他原本最擔心人力不足，沒想到出問題的卻是原物料——水泥沒運來，鋼筋又缺貨，如果物料再沒送來，組合屋的工程就要開天窗了。

他的憂心不是沒道理，眼看一輛輛貨車呼嘯而過，就是沒有開進大愛組合屋的工地，明明答應送來的建材卻遲遲不見蹤影；當需求量大，缺料是必然的現象，他可以理解，但他絕不能讓隔天遠道而來的眾多志工們白跑這一趟路，不死心的李義輝一再向慈濟基金會營建處催促，這天已經不知道撥了幾通電話出去，確定調不到貨了，就得想別的辦法解燃眉之急。

他有些無奈地看向遠方，外頭的陽光閃亮亮，他突然靈機一動，急忙走向工地，逢人便說：「天氣很熱，休息一下，順便吃點心補充體力。」他打算為明天留點工作，不料，就算曬太陽、流汗，也沒人把他的話聽進去，甚至有人說：「路途這麼遠，不多做一點，哪會划算！」所有人都沒有停下來的意思，他只好悄悄地向「小組長」示意，讓這些人先停下手邊的工作，然後他繼續催促著：「如果有人中暑了，怎麼對上人交代？所以一定要休息。」這一天的休息時間特別長。

「小組長」的設置，是李義輝的點子，當上人在震災後第三天決定要興建大愛組合屋時，李義輝也在腦海中描繪施工藍圖，他知道一旦工地湧進大量的人，就會像一盤散沙一樣，不但做不了事，還會影響工程進行，於是他設立「小組長」制度，由學有專精的志工帶領其他人投入工作，讓人人都有付出愛心的機會，也能兼顧施工品質。他和慈誠幹部討論後，確認可行，隨即就在大大小小的會議中呼籲：「災區需要有專長的志工，請大家推薦。」

這登高一呼，各地來的報名表在短時間湧現，李義輝在名為「九二一希望工程志工專長調查彙總表」的灰白色本子裡，詳實記錄著各地志工的專長、電話、可以工作的時間等，還區分成泥水志工、紮筋志工、模板志工……這本累積了近一千位志工專長的珍貴文件，也隨著「小組長」的身影，在災區各項工程的開展下，一次又一次帶領著援建志工在豔陽下揮汗工作。

當多數人休息睡覺的時候，這些負責教導與施工的小組長們，仍然在照明燈下默默工作，他們心中想的是同一件事——師父要做的事，弟子使命必達。兩個月的時間，南區慈誠隊與近萬名志工共同完成了竹山高中學生宿舍、臺中市五權南路與復興路口、集集鎮興中路及兵整中心（戰基處），總共三百八十六戶的大愛組合屋，擁有潔白牆面的大愛屋，打開窗戶就能看到前方一片專

九二一大地震後，南區慈誠隊與近萬名志工，在兩個月裡，為了讓災民早日有安身的家，沒日沒夜搶晴天、戰雨天地工作著。（攝影：林鳳琪）

一九九九年十一月三十日集集鎮兵整中心大愛二村啟用典禮，證嚴上人蒞臨主持。李義輝終於卸下援建責任，可以安心回家。（圖片提供：李義輝）

屬的小花圃，迎風吹入的清風，伴隨著屋內的家常話語，讓巨大的傷痛有暫歇療傷之處；李義輝一貫地沉穩，很少人知道他幾乎沒有回家，和災民一樣住在帳篷裡，一直到他們入住組合屋的新家，他才放心地離開集集鎮。

回到高雄的家，天也黑了……「吃飯囉！」熱熱的飯菜是太太特別為李義輝準備的，那一晚，他的爸爸胃口特別好，許久沒和家人圍在餐桌上吃飯，感覺這一餐特別地好吃，他難得開心地笑了，就像災民入住新家時露出的笑容一樣，都是因為──有「家」真好。

## 很美的地方

有家才有凝聚力，經過漫長等待，高雄的慈濟人終於盼來了一個真正的家。自一九九六年杜俊元捐地做為高雄靜思堂之用，一晃眼九年過去，拆掉了臨時的鐵皮屋之後，二〇〇五年七月九日，高雄靜思堂舉行了景觀工程動土儀式，擁有九二一大愛屋及大林慈濟醫院連鎖磚鋪設暨綠化工程施工經驗的李義輝，再次帶領高雄慈誠隊及慈濟志工，要打造出位於愛河

當高雄靜思堂主體的鋼筋結構完成，景觀工程接著開工；全臺灣面積最大的靜思堂景觀，將實現上人說的：「這裡會是一個很美的地方！」（圖片提供：李義輝）

旁，全臺灣面積最大的靜思堂景觀，實現上人說的：「這裡會是一個很美的地方！」

當靜思堂主體的鋼筋結構一完成，景觀工程、高雄靜思堂前的河堤路南段開闢工程、河堤公園工程也同步進行整地，景觀並非單純的植樹、種花或造景，還有測量、水電管路配置、圍籬工程、擋土牆工程、水泥涵管工程、人行道工程……等工程瑣事，每天清晨六點，李義輝從書桌上抓起一大捲的施工圖紙後匆匆離開家，不到半小時，人已經來到工地，他會先在工地裡走走繞

為了打造高雄靜思堂的景觀工程，在烈日下工作是件苦差事，汗流浹背在褪色的「藍天白雲」上留下光榮的印記。（圖片提供：李義輝）

高雄靜思堂景觀工程在九百多個日子裡，投入志工多達四萬零八百二十一人次，他們是靜思堂從一片荒蕪到綠意盎然的最大推手。（圖片提供：李義輝）

繞，之後才進到辦公室，開始準備文件資料；走著走著，他的腳步停了，看著地上前一天剛標示好施工界址的紅色油漆，對這一萬兩千坪光禿禿的土地，他有好多的期待，也深知肩上的責任不輕。

凝望著一旁又高又大的建築物，李義輝不禁皺起眉頭思索：「這項景觀工程難度很高……下個月要開始綁鋼筋、做灌漿，要找誰來帶領參與的志工呢？」他明白必須依靠過去曾經共事的那些人，於是再度翻開六年前那本寫有近千位志工專長及聯絡方式的灰白色本子，一一撥電話詢問，建立了景觀工程團隊。

「在工地一定要戴安全帽，有問題就問小組長……要隨時注意安全……」上工前，李義輝總是不厭其煩地再三叮嚀。為了建築物的結構安全，避免造成侵蝕現象，景觀工程團隊承擔了興建擋土牆、綁紮鋼筋等的重要工作，十幾個隊員就站在七公尺高的鋼構平臺上工作，地面的擋土牆基座也圍了一圈連頭都捨不得抬起來的志工，他們一個挨一個地蹲在格子狀的交叉處，認真地扭緊每一條鐵線，「要多轉幾圈，我們的家才會堅固耐用。」彼此都時時互相提醒。

儘管大家拚命地工作，時間一長，終究敵不過身體的抗議，不得不起身時，還得用雙手撐住腰桿，每個人口裡說出的話竟像約定好一樣——「腰好痠！」「太陽真大！」「好累喔！」

在烈日下工作是件苦差事，但沒有人退縮，「曬黑」反而成了光榮的印記，就像李義輝黝黑的皮膚一樣。當夜幕低垂，各個角落的探照燈也瞬間亮起，因為灌漿的工序得不停轉地運作，從白天到黑夜都有不同的志工輪替接棒，但他就是不放心，謝茂賞、呂光偉、簡明福和他，所有時間幾乎都駐守在工地……那天夜裡走回辦公室，他捏了捏小腿肚，試圖減輕痠麻的不適感，「大概是爬上爬下太累了，休息一下就沒事。」他自我安慰地想，接下來的日子，疼痛感一直如影隨形，直到一次的大發作，他才知道自己已經「腰椎滑脫」，他強

為了打造志工期盼多年的家，大家拚命地工作，在烈日下為靜思堂工程綁鋼筋。（圖片提供：李義輝）

忍著，硬是逼自己如常地在工地穿梭，不讓任何人有機會催促他要休息。

他瞇著眼仰望那七層樓高的天際線，靜思堂的飛簷屋頂終於就要掛上「雲田瓦」了，這種上了光滑釉料且經高溫窯燒而成的屋頂陶瓦片，具有防水、防潮、隔熱的功能，可以讓靜思堂有冬暖夏涼的舒適環境，原本瓦片上只須鑽設一個洞孔鎖上即可，但為了兼顧安全及耐用性，靜思堂所有的雲田瓦都必須一片片再增加另一個固定孔。

一個瓦片上的小孔，卻有很大的學問在，只要位置稍有偏移，這塊瓦就報廢了，加上容易碎裂，必須泡過水保持濕潤才能降低失敗率；從開箱、浸泡、鑽孔、擦拭、裝箱，最後再吊掛至屋頂，一連串的分工都需要標準作業流程，避免不必要的損失。

這項浩大又繁瑣的工作全部由李義輝召集慈濟志工手工施作，鑽孔時更要掌控鑽頭向下壓的力道，就算整張臉被頭巾包得只露出眼睛，每個人還是全神貫注，默默忍受著悶熱及粉塵飛揚造成的不便，順利完成了十五萬七千多片雲田瓦的鑽孔工作；只要想到未來在陽光下閃著被慈濟志工稱為「慈暉色」的淺灰色雲田瓦，將會和所有的慈濟人一起守護這美麗又堅固的家，再多的辛勞，大家都不怕。

不以為苦的還有慈誠隊員，超過兩百公斤的大樹，得要八個人才能扛得動，過程中不斷使勁喊著：「一、二、三！一、二、三！」就為了把大樹種下，從那一刻起，原本單調的景觀開始增添綠意，從大順路移植而來的印度紫檀和新植的羅漢松，陸續豐富了色彩；幾天後，在長長的人龍傳遞下，團隊完成了連鎖磚及韓國草的鋪設……一直到二〇〇八年五月，景觀工程、高雄靜思堂前的河堤路南段開闢工程、河堤公園工程才全部完工。九百九十五天的日子裡，投入的志工多達四萬零八百二十一人次，他們是高雄靜思堂從一片荒蕪到綠意盎然的最大推手。

黃昏，和幾個志工在大愛廣場上搭好帳棚、排好桌椅後，李義輝一個人坐在河岸邊喘口氣，眼前的愛河緩緩流動著，路邊的垂柳隨風搖曳，偶爾傳來自行車輪子轉動的聲音，及一串歡笑聲，突然身後的童稚語音吸引了他轉身……「爸爸快來看，水池裡有魚耶！」

「爸爸，這是哪裡啊？有好多大樹。」

「這裡是慈濟的靜思堂，下次我們和媽媽一起進去看看。」孩子的爸爸回答。

晚風送來一陣清涼，李義輝身上的疲累也消失了。不遠處有人正在寫生，可以看見畫中靜思堂的大致輪廓，七十歲的他憶起那段施工圖不離身的日子，而他中心家的「藍圖」早已成形，「日子過得真快呀！這些樹長高也長壯了，回家吧！」他想著，

一九九二年南投縣集集鎮兵整中心大愛二村啟用典禮，證嚴上人蒞臨主持。（圖片提供：李義輝）

揉了揉小腿的酸疼，那是在景觀工程期間造成腰椎滑脫的後遺症，舊疾雖然常復發，卻也是一生美麗的印記，他緩緩起身，往靜思堂的方向走去……

陳清雲近年投入塑膠袋回收不遺餘力，也有辨識PP、PE、PVC、PET等塑膠材質的好方法。（攝影：黃世澤）

# 好夢連連——陳清雲的故事

文◎胡瑞珠

【陳清雲小檔案】

一九五六年出生於高雄縣仁武鄉五和村（舊名八卦寮），做過板模小工、鐵皮屋的油漆工及剝蓮子、織毛衣等家庭代工。一九九六年進入八卦國小擔任廚工工作，刻苦耐勞似乎是她的本性與本能，但是她的身子骨一向清瘦，長年的病痛，多到連醫師都說她是「急重症」的病人。加入慈濟後，全心投入環保回收工作，總認為自己十分渺小，告訴自己專心當個環保志工就好，只是她完全沒想到，在往後的日子裡，她的環保生涯會不斷地走向更多的岔路，看到更廣闊的天地。陳清雲傾其一生的心力，堅持貫徹師訓：「莫輕視撿一個罐子、一張紙的小動作，不僅能夠幫助社會，還能救山、救海、救人心。」她常說：「有心就不難。」就如個性原本內向的她，做慈濟後，拿起麥克風就能侃侃談「環保」一樣。

知道夜深了，卻怎麼也睡不著，陳清雲連翻了幾次身，感覺心情像座鞦韆，逕自無來由地擺著、盪著……不想就這麼被操弄，最後索性一個轉身，直接從床沿滑了下來。已經很小心了，但膝蓋的關節還是不聽話地發出「卡」的聲音，她緊張得不敢吸氣，慢慢伸直脖子往側後方望……

## 長夜漫漫苦無盡

夜晚經常是這樣度過的。她知道，過一會兒會聽到孩子和先生的均勻呼吸聲，那被漆黑簇擁的甜蜜夢鄉，眼睛看不見，但可以清楚地感覺到。然後，她會在幾口緩慢的呼氣之後，躡手躡腳地走出去。偶爾，她會不想枯坐，不再任由無數的畫面在腦海翻騰，而決定到樓下隨便找本書來看，希望藉由眼睛的疲累引來睡意。

儘管知道病了，應該去看醫生，但陳清雲捨不得花錢，日子只能將就地過著。直到四年後一塊《身心自在》的錄音帶，意外為她的人生添上不一樣的色彩。她多年以後才知道，「用鼓掌的雙手做環保」這件事緣起於一場公益演講——

一九九〇年八月二十三日晚上，證嚴上人應吳尊賢文教公益基金會之邀，於臺中市新民商工演講。那天清晨，經過一處夜市，看到許多垃圾，風一吹，還四處翻飛，上人很不忍心，所以在演講快結束時，聽到臺下聽眾心有領會而熱烈鼓掌，就告訴大家：「人說臺灣是寶島，而我說臺灣更是淨土……希望大家能『以鼓掌的雙手，回去將垃圾分類，做資源回收』，建立人間淨土……」

陳清雲幾年來聽過不少有關慈濟的錄音帶，但最近的這塊新帶子很不一樣，內心有股躍躍欲試的衝動。相較於探訪貧病的訪視工作，她覺得資源回收簡單多了，更適合自己內向的個性。但只靠一個人不夠，得有幫手才行，她馬上想到好朋友黃連招。

這間隱身工業區內的低矮古厝，是陳清雲的娘家。早年的曬穀場變成露天環保教室，多年後才搭建鐵皮屋頂遮陽。（圖片提供：陳清雲）

一拍即合的兩人，很快將鄰居不要的舊報紙，路邊撿來的瓶罐，收集起來放在陳清雲住的娘家。她不久前才搬回來，古厝前面正好有片曬穀場。

陳清雲一開始便很積極，白天忙工作，只好利用先生上班後的夜晚，一個人拎著黑色大塑膠袋出門撿回收。她不是沿著馬路走，就是繞到巷子去，一直要到袋子再也裝不下了，才會甘心回家；瘦長的身軀加上後背駝的大袋子，在路燈的映照下，形成一條扁長形的影子。孩子寫完功課已將近十點，她依然還在院子裡忙，女兒看她低頭埋在一堆很像垃圾的東西裡，總會貼心提醒說：「媽媽妳明天還要上班，不要做太晚，也不要太辛苦。我們要睡覺了。」才剛抬頭，孩子已經一溜煙不見人影，她笑了笑。一輪明月高掛，還有明亮的星星閃爍，夜色如此宜人，她卻無心理會，雙手不停地動著，偶爾會挺挺腰桿，沒幾秒又低下頭。

放假日，她照例帶著孩子一起做回收。先生張義雄無預警地從屋裡走出來，一邊走一邊招手說：「媽媽吃飽沒事做，不要理她，我們去看電視。」孩子們瞬間噤聲，還左右看了看，然後默

陳清雲以回收的木柴燒熱大灶，用熱食溫暖環保志工的胃；她不但要注意柴火，還得聆聽、解決環保站的各項疑難雜症。（圖片提供：陳清雲）

默走進客廳，張義雄跟在最後面，留下陳清雲一個人不知所措。這已經不是第一次發生，之前全都忍耐下來，但這次不知怎地，感覺心頭酸酸的，「這是件好事！」她喃喃自語：「真的是好事啊！」像洩了氣的皮球，垂著頭走向屋旁的空地。一道耀眼的陽光正好投射在長滿九層塔的泥地上，那是她媽媽生前種的，倏地想起不久前的一場夢——

一個明亮的早晨，陳清雲來到九層塔園邊，打開水龍頭準備澆水，空氣中瀰漫著陣陣清香，忍不住深吸了幾口氣。她一邊灑水一邊哼著「阿彌陀佛」的曲調，輕快得連身體、水管也跟著律動。上人沿著路走過來，腳步輕得一點聲音也沒有，無預期地和上人相遇，她立刻關上水龍頭，跟了過去，這時媽媽竟也出現在大廳的門檻邊……

所有的影像如此真實，她多麼想靠上前，依偎在媽媽的懷抱裡，聽那溫柔的聲音：「我們家的阿雲，最乖！」這時候所有的委屈都會消失，只留下心頭的陣陣暖意。想到上人，她的心頭也是暖暖的。她喜歡聽上人說話，那聲音也和媽媽的聲音一樣，能緩解所有不安的情緒。想著想著，她感覺得到了慰藉，剎那間，也彷彿有了堅持下去的勇氣。

「帶他去精舍看看。」好多志工都這麼提議。張義雄有幾次答應後又臨時反悔不去，但陳清雲很有耐心，不放棄任何機會，終於在一九九五年底，，夫妻倆跟著慈濟志工來到花蓮的靜思精舍參訪。回程的路上，她一再咀嚼和先生之間的對話：

「土地和房子是小弟的，這樣好嗎？」

「沒關係啦！」

張義雄的語氣輕鬆寫意，一副胸有成竹的模樣。她知道他是認真的。陳清雲始終沒問那一天在精舍發生了什麼事，造成他這樣的大轉變，因為她很明白，就算問了，他也一定不會說。山區行車，一路顛簸，車內的人也跟著搖來晃去，陳清雲在不知不覺中睡著了；當「環保站」的藍圖在夢中隱約成形，她的嘴角往上揚成了圓弧形。

## 夕陽西下鳥歸巢

高雄區青少年聯誼會於二〇〇二年十二月八日至環保站學習資源回收分類，陳清雲於現場解說慈濟環保理念。（攝影：蔡孟家）

海報上貼著各種塑膠袋，經過陳清雲解說完後，青年學子很容易就學會分類PP、PE、PVC、PET。（攝影：萬孝儀）

佛教慈濟基金會
八卦資源回收站

可回收塑膠袋
PE
PP
PVC

一覺醒來，發現精神特別好，她才猛然想起昨晚累得倒頭就睡的事。連著幾天回收分類都忙到大半夜，完全沒時間打掃家裡，正在想該從哪裡開始做起，一輛轎車從門口開進來。是爸爸和小弟來了。一下車，兩個人的臉色都不對勁，不等她開口，小弟劈頭就是一陣數落，她知道他愛乾淨的個性。爸爸隨後也問：「怎麼到處都是垃圾？」

如果不是她看久了早已習慣，這裡真的很像垃圾堆置場：各式各樣的袋子層層疊疊，還有五顏六色的物品散置，連粗壯的楊桃樹都快看不到樹幹了。從前綠意盎然的庭園景致，如今全變了樣，難怪他們會如此驚訝。「爸，這是要給師父幫助窮苦人的。」她以近似撒嬌的語氣說：「做資源回收的功德都讓你賺，我只要賺歡喜心就好。」說完還咧嘴笑了起來，爸爸無言以對，只能苦笑。

一九九六年五月，「八卦寮」環保站正式成立。那年頭的環保站很少，這裡剛好成為慈濟在北高雄地區資源回收的集散地。凡是投入資源回收工作，無論是慈濟志工，還是有心參與的民眾，都以「環保志工」來稱呼。大家一傳十，十傳百，來這裡當志工的人愈來愈多。每到星期六這一天，陳清雲總是格外忙碌，大清早就到市場採買下午六、七十人要用的餐點食材。

明明一早人還好好的，一過中午，她便開始頭痛；一點多過後，環保志工陸續到來，沒人分派調度，全都自己找事做；三點一到，人更多了，各種瓶罐的撞擊聲開始叮叮咚咚響個不停。頭痛依然盤桓不去，但她強忍著，一個人在廚房裡，除了手，其他動作都得慢慢來，和個機器人沒兩樣。當所有的事情告一段落，往往都超過晚上十點了，這時才想起頭痛的事，她聳聳肩，把頭左右轉了轉，心裡想：「沒事了就好。」

幾次的頭痛，陳清雲的確不在意，直到兩個月後，有天驚覺不對勁，她把先生從大太陽底下拉往芒果樹下。「什麼事神祕兮兮？」張義雄滿頭大汗，忙不迭地把毛巾往額頭上抹，他正在釘分類區的隔板。「我不是會頭痛嗎？每次都在星期六，你不覺得奇怪嗎？」她的表情很正經，他反倒平常心看待：「應該是人太多造成的壓力吧！是妳自己想太多了。」

經陳清雲介紹後，小朋友很快就明白，眼前一整排的塑膠籃是資源分類時的好幫手。（圖片提供：陳清雲）

國小學童到環保站學習資源分類，小女孩在輸送帶旁努力撐起身子，俐落地撿起鐵罐。（圖片提供：陳清雲）

陳清雲的確想多了，她想的不是怪力亂神，而是老天爺給的考驗，測試她經營環保站的決心。環保站是她想做的事，既然是考驗，也是天將降大任前的必然磨練，無論如何都得挺住。如果頭痛得實在難受，還伴隨脈搏跳動的陣陣抽痛，她會倚靠在牆邊，並將眉頭鎖得好緊、好緊。

用了將近一年的時間，她真的挺過來了。或許這樣的耐心與毅力感動了老天爺。幾年間，環保志工的人數倍增，回收量迭創新高，連夜晚的時間也不放過。每當夕陽西下，三五成群的志工就

有了鐵皮屋頂遮陽以後，這些年輕的孩子們更能在環保輸送帶上施展「眼明手快」的好身手。(圖片提供：陳清雲)

曾經人聲鼎沸、如此輝煌，如今這臺「環保輸送帶」依然「堅守崗位」，就像陳清雲一樣，一路走來，始終如一。(圖片提供：陳清雲)

像鳥兒歸巢一樣，回到這裡來。他們口中的「八卦寮」，儼然是另一個家，一個成員來自四面八方的大家庭；一個入夜以後，附近幾乎暗寂一片，唯有這裡仍舊燈火通明的家。

資源回收分類是一項細膩的工作，不是蹲著就是彎腰，長期下來，對身體難免造成負擔，這種疲累王春雄也有過。他自一九九九年第一次走進環保站以後，每天從工廠下了班，便和太太直接趕過來。將近六十歲的年紀，一、兩個小時的反覆蹲、彎，連他都感到吃不消，更何況七、八十歲的老人家。他想解決

---

陳清雲邀請陳彥又上臺做見證——特殊的孩子也可以發揮良能。他是環保志工，也是載運回收物的得力助手。（攝影：林文豪）

慈少班的藍韻婷、吳淑菁在陳清雲的陪伴下親自操作電鑽，取出塑膠片上的小螺絲，做到徹底分類。（攝影：梁亦謙）

減碳
一天

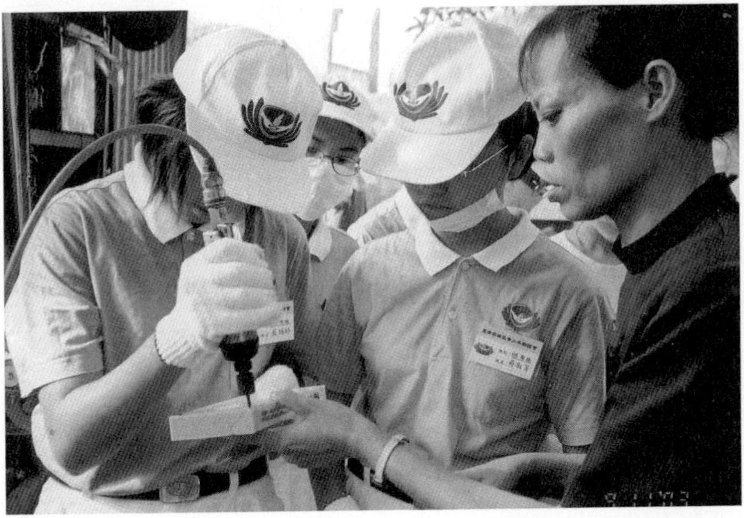

這個陳年老問題，陳清雲知道了，「很好啊！你放心去做，有什麼需要告訴我，我一定會想辦法。」

王春雄想了很久，到處找靈感，最後確定「輸送帶」的作業最適合，好多工廠的生產線都這麼用。所有人都對他充滿期待，只要有人問起進度的事，馬上就會被阻止：「你不要問哪！他會有壓力的。」「對啦！讓王師兄自己慢慢來，不要急。」一旁的人也跟著附和。他哪能不急，完全是個門外漢，連個電焊也不會，要把憑空想像的概念化為實物，光找靈感這一項就吃了不少苦頭。一路跌跌撞撞，總算做出一個成品來。上機試用那一天，沒出什麼大紕漏，倒是擠了一堆人，有人好奇地東摸西瞧，也有人熱情地比手畫腳，整個環保站像是辦市集一樣熱鬧。

外頭熱鬧，廚房的光景也不單調，兩個爐火同時開著，白色的蒸氣不斷往上冒，陳清雲的身影一下子清晰可見，一下子又模糊不清。當她走出廚房，沒走幾步，就朝著人最多的方向大喊：「讓王師兄休息一下啦！先來吃綠豆湯。」她接著說：「要提建議的人，待會兒再說。」

經過一再改良，兩個月後，可調整速度的「環保輸送帶」正式研發成功，「自動化」及「人性化」的名聲隨即傳開來，各地的慈濟志工及社區團體都慕名而來。這臺「鎮站之寶」所帶來的奇幻旅程都還在持續進行，不久後，發生了「九二一大地震」。

## 日升日落意志堅

一九九九年九月二十一日凌晨一點四十七分，發生了芮氏規模七點三的強烈地震，震央在南投縣集集鎮，一〇二秒之後，兩千多條人命就此消失，十多萬戶房屋全倒及半倒。凌晨兩點起，慈濟志工在上人的指示下，先後成立了三十處的救災服務中心，提供熱食及各種民生物資，另有十七處的定點義診及巡迴醫療服務。隨後幾天，北區和南區也動員近兩萬志工投入賑災，而陳清雲就在其中，就算身體微恙，也不願錯過。

她罹患「慢性沾黏性關節囊炎」，也就是俗稱的「五十肩」，已有數月之久，拿不動災區的大鍋鏟沒關係，揀菜、洗菜、切菜也很需要人手。原以為身體不礙事，不料，身上的各種病痛，經過濕氣的催化後，竟然擴大發作起來——類風濕性關節炎引起手指關節發熱和腫痛；十九歲車禍造成的背部舊傷，痛得無法入睡，連原先好轉的「五十肩」也疼痛不已。

與此同時，有個念頭也和疼痛一樣，緊緊跟隨。

在地震發生兩天後，上人就從花蓮趕到臺中坐鎮。「上人有說過：『我們要徹底陪伴災民，他們不得休息，我們就不能休息；他們沒有穩定下來，我們就不能停止……』」整天有忙不完的事，志工間也需要互相激勵。陳清雲很清楚自己的處境：這是她自願來的，既然來了，就要全力以赴，絕不能成為負擔。「不能倒，不能倒。」她不斷自我鼓勵，更拚命地忍著、撐著，她知道一旦放鬆就會輸掉。許多人知道她的身體不好，時時上前關心：「會累嗎？」「要不要休息一下？」她都回答同樣的話：「不會啦！我還可以。」

三天後賑災任務結束，一上車，陳清雲感覺好疲倦，虛脫了似的疲倦，一路睡得不省人事，直到有人喊：「師姊，我們要下車了。」才猛然驚醒過來，迷迷糊糊地問：「這是哪裡？」回到家的那一晚，消炎藥抹了一層又一層，還是不管用，張義雄看著她的模樣直搖頭，索性把手放在她的背下，然後說：「妳趕快睡。」那隻厚實的手掌竟像施了魔法一般，讓陳清雲舒服地睡了一覺。

隔天早上，知道他一夜沒睡好，陳清雲故意靠近他說：「真的非常感恩！」語氣輕柔，但這情緒很快被轉換，她有更重要的事要說，「這次的災區很慘……人命真的脆弱……我想要把工作辭掉，專心做環保。」這跟了她好幾日的念頭得一口氣說完，不給自己轉圜的餘地。張義雄沒有多問，只淡淡回說：「妳高興就好。」接著轉身離開，尋常得像答應一件生活瑣事。陳清雲一度以為自己聽錯了，楞了幾秒，等回過神之後，才發現心臟蹦蹦地狂跳；興奮得沒辦法待在家裡，於是發動機車往學校去。

當她走出學校穿堂，早把眾人的話拋在腦後——

「為什麼不做了？」

「好可惜喔！」

「證照都考上了，以後還有退休金。」

她頭也不回地走進亮晃晃的陽光裡。暗黑的臉龐，一雙眼睛炯炯有神，心裡想的是等會兒經過路口，得要停下來看一看那口大垃圾箱。幾天前她發現裡面有好多的舊報紙可撿。

辭掉工作後的她，沒什麼不同，只是更加忙碌，失眠的毛病早沒了，因為連個胡思亂想的時間都沒有。不甘心老是病著，她想好好利用可以做的每一天。幾年來，全部心力都在環保領域，早已熟稔每一項環節，一切看似順理成章，其實不然；她曾經面臨「堆積如山」的窘境。

因為不敷成本，沒拆解的小家電根本沒人要。每天一早打開門，一座小山就活脫脫橫亙在她眼前。

「怎麼辦？」

「當垃圾丟了。」

「不行！會對不起撿回收的志工。」

「不然呢？」

內心的激戰每天重複上演，她陷入兩難。

拆解不困難，只要肯花時間。銅鐵製的零件好處理，大小不一的硬塑膠才是大問題，得有個出路才行。她好不容易打聽到一家粉碎工廠，鄉間小路，沒有招牌，沒有門牌號碼，只能按著大略的方向尋找。連著兩天沒找著，不死心，又再去了一次。眼看太陽就要下山了，她騎著機車卻還在山路上繞，除了不少的墳墓，完全沒有人煙，只有風呼呼地吹，竹林也發出沙沙的聲音，她的表情愈來愈僵硬，不自覺地唸著：「阿彌陀佛、阿彌陀佛——」

雖然用自己的聲音壯膽，她還是很害怕，卻又不願認輸，情急之下，只想到「求助上人」，她在心裡祈求著：「上人，您一定要幫我；我很不甘願，已經是

環保酵素不會造成環境負擔，可以代替清潔用品，是陳清雲積極推廣的項目之一。（圖片提供：陳清雲）

第三次了。」沒多久後，看見前方有人影晃動，她重重地吐了一口氣。「從這裡過去，再往前走，在公墓的後面。」順著那人所指的方向，果然找到了。

由於地點實在太偏僻了，凡是第一次載回收物來的司機志工都會讚歎她的用心，隨車的陳清雲一貫這麼答：「我也有祈求上人，所以是上人幫我找的啦！」但上人幫她的，不只有這一件。

一九八七年起，政府逐步放寬菸酒管制，進口的綠色啤酒瓶開始大量出現。陳清雲在一九九七年推動玻璃回收，是高雄地區的先鋒，曾有一段時間，數量多到連回收商也消化不了。困擾的還有志工反彈的聲音：工作粗重又危險，一公斤只賣兩毛錢而已，連載的油錢都不夠……她知道對的事就要堅持，偏偏缺少一個可以說服所有人的理由。有一天，她在每月召開的環保會議上說出心聲，慈濟基金會負責環保業務的職工甘萬成聽進去了；隔了一個月，他帶來了明確的答案：「上人說，嘸錢嘛愛做（臺語，意指就算沒有賺錢，也要去做）。」從此這句話成為萬靈丹，其他環保站也紛紛效法投入玻璃回收工作。

## 朝思暮想心願成

每天已經夠忙了，陳清雲從沒想過「環保」以外的事。二〇〇〇年五月，慈濟志工邱國權帶來了意外的禮物——國立中山大學的慈濟人文課程。劉維琪校長等人三月參訪靜思精舍後，為了讓學生參與社區服務、體驗真實人生，因而開辦這項課程。原以為這項實務體驗課程結束後，一切會回歸正常，沒想到申請的學校接二連三，也讓環保站順勢轉型成為環保教育站，「八卦寮」也是慈濟設立的第一個環保教育站，要從消極的末端回收，轉為積極的源頭減量。

此後，只要例假日，至少都有上百人來到這裡，由陳清雲擔任解說工作，黃秀英負責帶動現場的氣氛，除了學習資源分類外，也感受環保志工惜福愛物的心。陳清雲努力擺脫不善言辭的過去，雖然因身體因素，口腔不能分泌唾液，不時得停下來喝水維持口腔的濕潤，卻堅持要用「說環保」來影響更多人。

教育站能夠蓬勃發展，集合了眾人的努力，只要夠用心，每個人都能自創招數。幾年後，擁有機械零件製造專長的蔡宗源，因為不忍心夥伴們的手常常被美工刀割傷，因而設計出手動式的「電線分離機」，兼具安全與效率；陳哲霖則將工程師的思考邏輯應用在解說技巧上，創造出方便記憶的「環保十指口訣」：瓶瓶罐罐紙電一三五七(註二)。陳哲霖把十個字分別畫在十隻手指上，加上「惜福才會幸福」、「舉手做分類，造福全人類」的標語，做成醒目的海報。這創意十足的點子立刻造成風靡，甚至學校、車站都能看到。而蔡宗源的「電線分離機」，經過大愛電視臺的報導後，湧進大量的詢問電話，後來的訂單多到還得找陳清雲協助處理，媒體的力量可想而知。

慈濟早在一九九五年十二月就應用了這股無遠弗屆的傳播力，在力霸友聯頻道免費提供的時段裡，推出每天一小時的《慈濟世界》節目。一般人擔心的總是經費、人力、市場等問題，然而，上人一心只想藉由媒體來「淨化人心、祥和社會」，應運而生的大愛電視臺也在一九九八年一月一日正式開播。由於經費需求龐大，又沒有商業廣告的固定收入，上人於是呼籲：「垃圾變黃金，黃金變愛心；愛心化清流，清流繞全球。」將資源回收的款項轉用於護持大愛電視臺。為了向環保志工表達感恩之情，二〇〇二年他特地行腳一一走訪各地的環保站。

得知上人要來，環保志工當然興奮莫名。陳清雲正好有一張撿來的舊籐椅，還很堅固。上人惜福的心弟子都懂，於是她和好搭檔黃秀英細心整理乾淨，再用回收的布料做好椅套。「看起來不錯！上人很喜歡坐籐椅。」陳清雲滿意極了，「等上人來，再請上人坐，然後為大家開示。」兩個人都有這樣的打算。「上人什麼時候來？」每天都有人問，「我不曾親眼見過上人，他會不會不來了？」年紀大的老人家最關心。

四月十日，上人終於到來。陪同的資深志工林金貴介紹了陳清雲的家人，還提及她身體不好的事，上人問：「有沒有去看醫生？」「有啦！有看中醫，也去醫院檢查過。」張義雄就站在上人旁邊，上人叮嚀說：「那妳去大林醫院，找賴寧生醫師。」陳清雲靦腆地點頭說好。一群人陪著上人邊走邊看，「上人好。」「大家辛苦了。」這樣的對話不絕於耳。那張精心準備的籐椅，上人始終沒坐，他從頭到尾都站著，倒是對陳清雲爸爸說的話：「祝福你喔！人腳跡、肥壓壓（臺語，意指人多就會興旺，也有鼓勵人好客之意）。」果真帶來應接不暇的高人氣。

原有的教育課程仍然持續著，多了前來「尋寶」的慈濟團體，那被上人稱讚不已的「秘寶」，全來自不起眼的零件和小技巧：錄影帶的螺絲釘、白鐵片和塑膠殼各有不同價格；鋁製瓶蓋可利用一根釘子，輕鬆取出附著的塑膠片，回收價格也增加了兩倍……陳清雲可以輕鬆看待自己的病痛，但對於「環保」可一點都不隨便，整天像是陀螺轉個不停，就連二〇一〇年九月颱風即將來襲，也未稍歇。

這裡從沒淹水過，循著中度颱風莫拉克的經驗，準備把成捆的舊報紙當沙包擋水，她心裡盤算著：「去年的雨那麼大，客廳都沒淹水了，這次應該也差不多。」十九日早上，凡那比颱風

二〇一四年三月高雄第一科技大學師生參訪環保站，陳清雲示範如何剪下寶特瓶上的塑膠環扣。（攝影：陳吉龍）

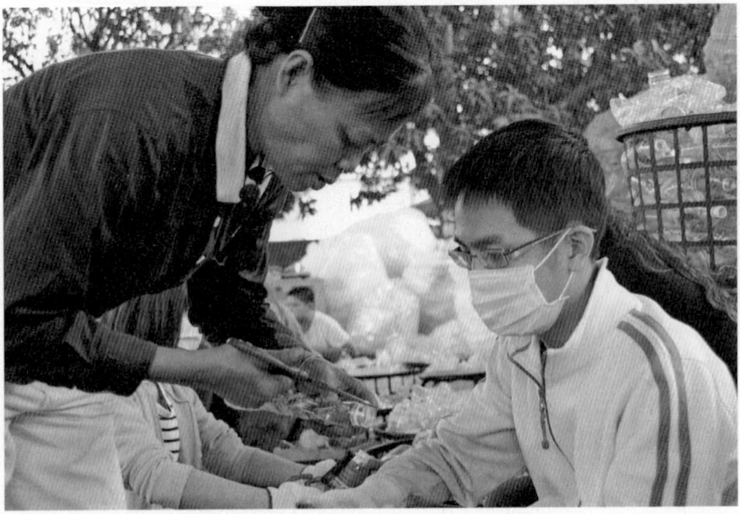

從花蓮縣豐濱鄉登陸，南部的雨勢在午後漸趨明顯，愈晚風雨愈大。陳清雲出去看了好幾次，不放心的依然是外頭的回收物。天黑後，什麼也看不到，只感覺大雨傾盆而下，咚咚咚的聲音又沉又重。

張義雄一直守在門口，眼看著水漸漸漫過來，疊在門檻前的一排舊報紙，恐怕抵擋不住。他進到屋裡喊：「快點，先搬電視。」夫妻兩人才剛把電視移到神桌上放，女兒就驚慌得大叫：「淹水了啦！」陳清雲好緊張，本能地抓起一個袋子，把登載慈濟會員的勸募本、環保教育的資料塞進去；小兒子則將電腦和棉被攏在懷裡。才幾分鐘，客廳的積水就到了腳踝的高度。知道不能再待了，張義雄急切地說：「我們去樓上。」建在圍牆邊的兩層鐵皮屋，平時當倉庫使用，是這裡最高的地方。

外面的積水深及大腿，一家四口在狂風驟雨中狼狽逃到倉庫樓上，一個面積不到三坪的空間，只有屋頂和兩面鐵皮圍著。人已經縮在最裡邊的角落了，另有一塊帆布遮著，但四面八方呼嘯而來的狂風，還是把大雨不斷地往裡送，衣服、棉被全都濕透了。陳清雲用顫抖的手緊摟著兩個十幾歲的孩子。這一夜感覺好難熬，彷彿永遠都等不到天亮的那一刻……

## 風雨過後故人來

當她再次睜開眼，天已經亮了。一眼望去，滿目瘡痍的慘狀，她驚呆了！大包小包的回收物鋪滿地，塑膠桶、塑膠袋隨處可見，地上還鋪著一層厚厚的黃泥巴。完全沒有路可走，她得一一跳過障礙物；當到達客廳時，發現情況更慘。由於水深曾經達到半人高，櫥櫃和桌子全都泡水了，「沒有用了。」她搖著頭嘆氣，有股想哭的衝動，卻因為乾眼症完全沒有淚水，只有發紅的雙眼和茫然的表情，顯得很無助。

「阿雲，江淑清師姊找妳。」張義雄閃過好幾個障礙，才把他的手機遞過來。「清雲，妳的手機不通，妳那裡有沒有怎麼樣？精舍師父也打電話來問了。」聽到志工的聲音，陳清雲突然有些哽咽，「人都很平安，不過環保的東西被大水沖得亂七八糟。」

「不要擔心，我會找人幫忙……」江淑清說。

才掛了電話，就有人來了，是住在附近的慈濟志工林秀蓮和朱章敏，兩個人不約而同都來關心。

慈濟基金會高雄分會在颱風警報發布時立刻成立了協調中心，統籌災情蒐集、物資調度等等，並經由視訊連線，讓遠在花蓮的上人了解受災及救災情況。八卦寮環保教育站因位於重災區，協調中心早有掌握。不久，便來了許多人，有成群結隊，也有單槍匹馬，教育站在短短兩天內迅速恢復原貌。

為了避免蚊蟲孳生，同時減低環境傷害，陳清雲特地借來一臺手搖式噴霧機，把剛學來的「環保酵素」（註二）加入少許漂白水，當成消毒劑使用。她一手壓氣，一手握著長噴桿，無數的水珠瞬間噴濺而出，形成一片片的水霧，在陽光下閃著美麗又繽紛的色彩。乍看之下，宛如披著彩虹衣裳的小精靈，自由自在地旋轉、跳躍。陳清雲覺得好神奇，幾天來的疲憊忽地消失無蹤。

十多年來，慈濟在各社區的小型環保站紛紛設立，來這裡的志工相對少了許多，每月的回收量也從將近百噸，逐漸往下降，但六十歲的陳清雲還是忙碌不已。當年出盡風頭的那一臺「環保輸送帶」照常週週出現；曾因國際銅價飆漲而被戲稱為「黃金製造機」的「電線分離機」，一如既往，每天都有人熟練地操作著。陳哲霖宣導環保教育的足跡遍及馬來西亞、新加坡和中國大陸，仍持續有新的創作；二〇一七年二月臺灣燈會在雲林縣的「水立方」展示燈(註三)，就是他的作品。

過年前，陳清雲的家感受不到年節的氣氛，環保站的運作如常地進行了二十多年。這天是回收商收玻璃的日子，一臺抓斗卡車轟轟地響，空氣中充滿濃厚的柴油味，還不時發出尖銳又刺耳的聲音，「嘩——滴——」。廚房的爐灶上冒著白煙，她拿著新買的智慧型手機走到外面，開著擴音器講話；她的弟弟陳進忠和先生張義雄忙進忙出，好多事都必須和陳清雲再確認，「師姊」、「三姊」、「阿雲」的呼喚聲此起彼落。

一天又過去了，臨睡前，心裡還放不下外頭的一堆塑膠袋，「得多找幾個人才行。」骯髒的塑膠袋放久後有股難聞的怪味道，沒多少人願意投入分類。「垃圾減量」是她長久以來的心願，後來卻發現垃圾不減反增，其中大部分是塑膠袋造成的，於

二〇一〇年十月九日，證嚴上人再次造訪八卦寮環保教育站；陳清雲近距離看到上人的那一刻，雀躍的心情全寫在臉上。（攝影：陳裕炎）

是她在二〇〇三年開始做乾淨的塑膠袋回收。這一晚，陳清雲睡得好香甜，甚至嘿嘿地笑了起來——她夢到好多人來，個個身手俐落，三兩下就把塑膠袋分類完了；她瞪著大眼，不敢置信……

白天在環保站聊起這件事，呂美珠露出驚訝的表情說：「太湊巧了吧！我也是夢到這樣。」「妳們認真過頭了！才會做相同的夢。」在場其他志工突然冒出來的話惹來一陣笑，陳清雲看著這些環保志工，也跟著笑了起來，原來有「好夢」的不只她一人呢！

**註釋：**

註一、瓶瓶罐罐紙電一三五七：瓶（塑膠瓶）、瓶（玻璃瓶）、罐（鋁罐）、罐（鐵罐）、紙（紙類）、電（電池）、一（衣服）、三（3C）、五（五金）、七（其他）。

註二、環保酵素：混合了糖和水的廚餘（新鮮果皮、蔬菜），經過三個月發酵後，便立即可以使用。

註三、「水立方」展示燈：由一千支回收的寶特瓶做成，主要傳達愛水、惜水、護水的理念。

# 作者絮語——那一段嘔心瀝血的日子

蔡素秋

接寫朱妍綸校長的子藏時，我心裡像打鼓，實在是膽顫害怕；我的學識、涵養、對慈濟、對教育的精神理念，以及對經藏的深入，都不及朱校長的萬分之一，書寫朱校長，真的是自不量力。但是，總想給自己一些突破，所以就接了，也寫了。朱校長對教育盡心盡力，所做的事情太多太多，書寫過程礙於篇幅，面對的是如何取捨並精簡事件過程。在我書寫的同時，朱校長正在整理大眾參與「晨鐘起．薰法香」筆記，如今這本《再一次認識自己》的薰法香心得筆記已結集成冊，我書寫朱妍綸校長的文字也完成文稿，但願這幾千字的文字敍述，還能將朱校長對慈濟、對教育的精神理念表達出一二。

我在杜俊元師兄大病未癒時採訪他，三個月後的深冬，我寫下最後一個句點，冬陽疲懶地斜射著，我盯著薄光裡的塵埃，腦中停格在文稿中的一段話——「空氣中浮游的細絲，漫無目的地隨著不知名的力量緩緩飄移」，那莫名的力量推著他面對每個轉彎後的黑暗或光亮，我亦如塵埃，隨之飄起與墜落，數度無以為繼……是他緩緩地帶著我回頭看著高雄慈濟人奮力走過了莫拉克風災、城市的暗夜巨爆；是他讓我看到了四方善念如微風匯聚在靜思堂，以及從靜思堂輻射而出的驚人動能，產生了如此不可思議的驚人奇蹟，社會應以擁有這座清淨道場為傲，雖然它是如此樸質，一如杜俊元始終的雲淡風清，而微塵如我，正抬頭仰望朗朗一片青天。

**張晶玫**

時間巨輪一直不回頭地向前走，資深的慈濟人隨著自然法則，毫無眷戀地走了。明知很難，但慈濟的歷史篇章怎麼可以少了他們？毫無疑問地，這本來就是件該做的事，所以接了書寫「子藏」。都是一些放在灶上冷太久的事，怎樣才能精準地描述吳佳霖師姊單純愛慈濟的心？一處處修改；一回回思索，想太多，讓自己無法向前看，眼看其他寫手已完成初稿，我還在雜亂中，睡不著、踱步、抓頭髮……鍵盤愈敲愈慢，錯字愈打愈多，在在顯示自己的「學藝不精」，想起辛棄疾〈念奴嬌〉：「近來何處有吾愁？何處還知吾樂？」怎一個「慘」字了得！將近一年，很慶幸地終於完成，那些邊邊角角的瑣事自然退逝，希望藉由主角的足跡，可以燒熱一些人的心。

**陳秀雲**

終究嚐受到所謂「絞盡腦汁」的滋味，那是一種乾癟到一捏即會碎裂的痛，思緒枯竭，企盼那靈光一現，文思泉湧的恩賜，幾度跪拜上人法像前，祈求保佑文稿順利完成。從寫作共修開始，經討論、採訪、寫作、討論、補訪、修改……來來回回，已算不清到底幾個回合，不是文體不對，就是缺少慈濟歷史脈絡，不然就是沒有畫面，得靠子藏夥伴們不斷地提點，才有點滴進展。內容資料不足時，或事件須再次釐清時，補訪在所難免，所幸與主角人物郭師姊關係良好，她總不厭其煩地盡其所能滿足我的需求，一篇七八千字的文稿有如跑馬拉松，歷時近兩年，先生半開玩笑問：「妳還沒問完喔？」縱使幾許青絲換了白髮，亦不敢言退。

**葉灑瀛**

一篇稿子要寫盡一位志工投入慈濟三十多年的心力與付出，讓我還沒下筆就忐忑不安許久，曾自問：「我這是給自己攬了什麼樣的事情？」雖說如此，還是硬著頭皮約訪、如影隨形近身觀察、前往環保站了解環境、收集資訊，最後更是登門造訪，無非想讓自己多一點把握。孰知下筆後，考驗才真正開始，在人物漫漫的時間長河裡，故事主軸的連貫、人物性格的描繪、重要事件的放入、堅持的信念、傳達的精神、心境的描寫、場景的重現……字字斟酌的結果，讓我一整天下來，只能以一兩百字的龜速前進，更讓我幾度懷疑自己能不能寫？稿子終究是完成了，也慶幸通過主角的認可，但那一段身心煎熬的日子，雖時過境遷，我仍記憶猶新……

**胡青青**

彷彿烙印在血液裡的創新基因，陳清雲師姊就是有辦法讓環保站不斷進化，每一個時間點都緊緊扣住時代的脈動。有次訪談，她主動談起自己的健康狀況「……有個中醫師說我像『活死人』一樣……」平緩的語氣好像述說著別人的故事，一旁的我除了抿嘴、咬唇，竟找不出可以應對的語言。深夜，重新檢視文稿，我必須承認，確實沒有深度刻劃出她的「苦」，無論「病」苦還是「心」苦，因為她提到病痛，總是一派輕鬆；說到環保志工，卻有滿滿的感動。二十多年的歲月，全心經營一個環保站，所要越過的困難，何止千萬重，絕非區區數千多字可以表達。很感恩她為我上了寶貴的一課——縱使不擅長，只要自己願意，付諸實行，並沒有想像中的困難。

**胡瑞珠**

懷抱純聆聽的愉快，參與二〇一五年開始的子藏研習；二〇一六年勇猛地寫下五百字短文作業，老師開門見山的點醒，滿堂的笑語，猶如甘味人生的刺激，獲益豐富。受命為寫手後，每次訪談，常處在時空錯置中，完成四萬多字逐字稿時，考驗開始……「星巴克」的四人會議，敲醒茫然的我，前輩的修稿，屢見峰迴，老師的建言、同伴的疑問，促我振筆又難書，還好主角羅師姊對我不離不棄，二百六十九天的「心懸子藏書，終日惶惶然，苦尋書中人，燈下伏筆嘆，驚醒已完成。」終於二〇一七年十一月四日結束每晚的爬文與枯坐。回顧慈濟早期那個「徒手」的年代，什麼都沒有，卻什麼都要做，未能參與的我，得幸一覽其間，若因此能提振心靈一角，挽袖向前邁進，實至為幸運。

**楊蘭慧**

謝華美

打從進慈濟就離不開文字，寫了子藏才知道以前都是「白混」了，除了要求字數，還要找出人物歷史定位，且要扣住時代背景，從中隱約了解到必須跳脫以前的寫作模式。「就從慈濟因緣開始吧！」再一段一段慢慢推進……結果，人物故事夠精彩，方向也沒錯，卻栽在文體不對，這樣的打擊猶如看到終點，卻被宣判跑錯路一般。無奈地聽從老師建議——借書閱讀猛嗑做筆記，從嘀咕到漸入佳境，發現到自己不足之處，決定重新再來，並非從此一路順暢，而是更能面對挑戰，聽到「可以了！」如中樂透一般，感謝黃老師的「不離不棄」，及寫手夥伴的「獻策」，更感謝洪醫師的信任。這是一段不好走的路，但沿途我看到別人看不到的風光。

南區慈誠大隊長李義輝師兄，一個既熟悉又陌生的名字。在撰寫前，李義輝師兄提供了數萬字的資料與圖片，裡面記載了所有他參加過的慈濟活動、援建工程及開會內容，他的一絲不苟與細膩，跟我所想像的慈誠隊完全不一樣，也帶給我好大的壓力，我不知道該如何著手鋪排他做的那麼多事，往往昨天寫好的，今天又被自己推翻，字數不增反減，我好想說——我投降！「當時所有工程都是大家共同完成的，不是我一個人的功勞。」這句話是李義輝最常對我說的，看到當年他那大家長的風範，及帶領慈誠隊轉型的毅力，我不敢放棄，終於在第二個冬天我完成了李義輝子藏，看到了不一樣的慈誠隊；經過洗練的我，看到春天就在眼前。

**薛燕春**

# 附錄 高雄慈濟大事記(一九七一—二〇一七)

一九七一 高雄第一顆慈濟種子涂茂興出任慈濟委員，與妻子涂徐懿馨在高雄開始宣揚慈濟。

一九七七 八月二十四至三十日，上人勘察賽洛瑪颱風災情，借住圓通寺。八月三十一日呼籲各界捐款，總計募得七十一萬八千餘元，以扶助貧戶為主，其中八戶列入高雄長期救濟。九月二十四日，上人親自前往小港觀音寺發放救濟金及物品給災民，奠定了高雄大型急難救助的原則及依循模式。

一九七七 七月二十四日，高雄舉辦發放活動，農曆每月初一在小港區觀音寺發放，濟助範圍為高雄市小港區。農曆每月二十八日在菩提禪寺發放，濟助範圍為高雄市，直到一九九四年高雄分會啟用，兩地發放活動移回分會辦理。

一九七九 開始帶動「慈濟列車」(遊覽車)參訪花蓮靜思精舍，在此之前不定期以自用小客車或搭乘公路局客運車參訪精舍。

一九八七 高雄慈濟委員八十人，成立六個組，於陳利雄家開會共修。

一九八九 十月二日，上人親赴高雄探訪貧戶，召開委員研討會並指示個案處理原則。

一九八九 籌組保全組，蔡明來擔任大隊長，王榮輝擔任副大隊長。並於翌年七月正名為

「慈誠隊」。

一九九一　施清秀提供自宅，讓慈濟委員可在此共修開會。

一九九一　十月二十四日，南區慈濟委員慈誠正式編列志工服務隊，上人勉以「不退轉心，貫徹同體大悲精神」。

一九九二　三月二十二日，於施清秀家舉行高雄筆耕隊成立茶會，並報告組織章程草案，由涂茂興任總召集人，共分成新聞組、報導組、攝影組、文教組、資訊組等。

一九九二　六月二十日，高雄第一場「慈濟文化下鄉」活動，於梓官鄉梓義村活動中心舉行。

一九九二　八月二日，為響應環保，慈濟發起每月第一個星期日定時定點回收廢紙資源活動，高雄由慈濟委員羅千枝於後勁發起首次回收活動。

一九九二　十月，成立高雄榮董聯誼會，杜俊元任召集人。

一九九四　八至十月，岡山大水災，岡山地區慈濟委員組成救災小組，發放食物，清除活動中心淤泥及積水，並挨家挨戶慰問評估需求，也為受災戶建屋，計為岡山鎮三戶、路竹鄉三戶。

一九九四　一月十九日，為響應拯救白血病患，於扶輪公園舉辦骨髓捐贈驗血活動，高達三千三百三十四人響應。

一九九四　二月十日，訪視組成立，郭麗永擔任組長，謝採娥和黃瑞貞擔任副組長。

一九九四　四月二十六日，一架華航班機在日本名古屋機場降落時不幸墜毀，造成二百六十四人死亡，高雄慈濟委員組成關懷小組，慰訪高雄罹難者家屬近二十戶。

一九九四　十月三十一日，位於九如二路的慈濟基金會高雄分會正式啟用，上人親自主持啟用典禮。

一九九四　十一月一日，高雄分會啟用後，舉行第一次冬令發放，上人到場慰問照顧戶。

一九九五　六月二十八日，於高雄市中正文化中心舉辦「幸福人生講座——用愛走過三十年」，共有一萬五千人到場聆聽上人演說。

一九九五　十月十四日，高雄看守所與慈濟人共同決定每星期六上午在戒毒班開闢「慈濟時間」。

一九九六　七月三十一日，賀伯颱風侵臺，八月八日慈濟志工從甲仙鄉進入三民鄉，橋斷處以人力接駁方式搬運物資上車並進行發放。

一九九六　八月十六日，高雄慈濟委員及慈誠由十組擴編成二十組。

一九九七　九月十三日，前鎮區鎮興橋氣爆，慈濟志工於現場供應救難人員飲食，次日一一探訪受災戶，並赴醫院探視傷者，及為往生者助念。

一九九八　南區慈濟人醫會成立，林榮宗任召集人，李偉哲、蔡江灣任副召集人。

一九九九　五月九日，高雄首次於高雄靜思堂預定地（新會所）舉辦浴佛活動，靜思精舍德慈師父特地前來指導。

一九九九　十二月十九日，為募集九二一「希望工程」基金，在高雄、鳳山、岡山三地同步舉辦大愛義賣園遊會。

二〇〇一　與高雄市政府簽訂開發協議書，高雄靜思堂所在地段為社會福利專用區。

二〇〇一　四月十四日，高雄水運組自製賑災快艇「慈誠一號」，在永安內海進行首次試航。

二〇〇二　十一月二日，高雄靜思堂舉行動土儀式，成為慈濟第一座志業園區。

二〇〇三　全臺爆發SARS疫情，四月三十日成立「高屏區防疫送愛協調中心」，負責疫情通報、送愛關懷，及物資、素食便當等支援，同時成立大型裁縫工場，自五月二十三日至六月八日，現場共動員四千三百六十九人次、專業縫紉機七十二臺，共製作一萬二千八百四十一件隔離衣、一萬二千七百五十三頂隔離帽、一千零八十一套刷手衣，送往高雄各大醫院。

二〇〇四　一月一日，落實四法四門，由八十八組變更為六個和氣組隊。

二〇〇四　二月，打造出第五代急難救助艇，負責載運志工進入災區投送物資。

二〇〇四　十二月二十五至二十六日，因應南亞大海嘯造成重大災難，發起「大愛進南亞，真情膚苦難」高雄募款募心活動。

二〇〇五　八月二十七日，舉辦「惜福造福 愛灑南非」活動，動員二百多名志工打包救援物資，九月底由高雄港出船，援助三千戶貧民與二千七百位慈濟小學學生。

二〇〇六　一月一日，組隊擴編為十八個和氣組隊。

二〇〇六　四月二十一日，高雄靜思堂舉行啟用儀式，同步展出四十周年慶「見證慈悲　深耕人文」靜態展。

二〇〇六　十二月三日，高雄市鼎金國小家長會聯誼活動，回程在臺南梅嶺風景區發生重大遊覽車交通事故，慈濟志工於第一時間前往協助救災、膚慰，並分頭到醫院關懷傷者和家屬，以及到殯儀館助念。

二〇〇七　十月二十七至二十八日，《無量義經》手語劇在高雄縣勞工育樂中心演出。

二〇〇八　「慈濟川緬膚苦難，大愛善行聚福緣」募心募款活動，五月十八日正式展開。

二〇〇八　七月十八日，卡玫基颱風侵臺，慈濟志工展開勘災，十九日分成二十一條路線，前往旗山、美濃、六龜、甲仙各災區進行慰問發放，至八月十日止，動員近千人次賑災及清掃。

二〇〇八　八月二日，在鳳山衛武營都會公園舉行「感恩．歡喜．七月吉祥」萬人祈福晚會。

二〇〇九　八月八日，莫拉克颱風造成高雄旗山、六龜、茂林、甲仙等地嚴重災情，各地志工跨區支援清掃、發放、慰問、義診等復原工作，並於杉林區興建大愛園區。

二〇一〇　二月十一日，在高雄縣杉林慈濟大愛園區，為莫拉克風災鄉親舉辦入住圍爐，席開三百桌。總統馬英九與慈濟基金會代表親臨祝賀，與鄉親一起圍爐團圓。

二〇一〇　十二月十五日，上人行腳高雄，並主持歲末祝福感恩會，這也是高雄靜思堂內的講經堂第一次落成啟用。

二〇一一　一月一日，慈濟委員四千二百五十一人及慈誠二千九百四十九人，擴編成三十九個和氣組隊。

二〇一一　八月六至七日，高雄於小巨蛋舉行四場「法譬如水」經藏演繹。

二〇一二　一月五日，首場「電子書讀書會」，於高雄靜思堂靜思書軒舉辦，由呂美雲導讀《衲履足跡．二〇一一年秋之卷》，十五位種子老師指導電子書操作，共九十多人參與。

二〇一二　十月二十八日，新芽獎學金頒獎典禮於高雄靜思堂舉行，計有照顧戶及關懷戶子女共二百零五人受獎。

二〇一三　五月二十一日，高雄岡山警分局一級主管及轄下各所所長，前往慈濟岡山志業園區做資源回收分類，響應環保觀念。

二〇一三　七月十四日，慈濟基金會在高雄靜思堂舉辦兩天的「暑期慈濟教師培訓研習營暨靜思語教學研習營」，共有二百九十八人參加，學習將慈濟教育理念與人文精神融入教學中。

二〇一四　二月二十七日，慈濟高雄分會與屏東分會共同為屏東地方法院檢察署受保護管束人舉辦愛灑活動。

二〇一四　三月二十三日，慈濟屏東分會、高屏區慈濟人醫會、移民署與東港區漁會合作，於東港漁會中心舉辦外籍漁工健康關懷活動，提供內科、眼科、牙科檢查及衛教宣導，共服務一百一十六人。

二〇一四　「二〇一四年南高屏東區慈誠隊四合一幹部精進研習營」於六月二十七至二十九日在高雄靜思堂舉辦，花蓮靜思精舍德禪與德倍師父全程陪伴，臺南、高雄、屏東及臺東四地共二百九十一人參加。

二〇一四　高雄市於七月三十一日深夜發生氣爆事故，臺北、臺中及嘉義大林等三家慈濟醫院由各院院長帶領醫護人員於八月二日前往高雄，與高雄慈濟人醫會團隊，為救難人員與居民提供醫療服務，並隨慈濟志工進入災區關懷居民。

二〇一四　八月二日，高雄慈濟志工持續為氣爆意外罹難者助念，膚慰家屬，並分別至醫院、殯儀館慰問傷者及罹難者家屬，致上證嚴上人慰問信與祝福金、慰問金，至二十二日共發放一百二十八戶。

二〇一四　高雄市氣爆事故，造成嚴重傷亡，慈濟基金會於八月三日晚上在高雄市立中正高工舉辦「戒慎虔誠弭災難」祈福會，由花蓮靜思精舍六位師父與慈濟志工陪伴鄉親祈禱，共聚善念，安定人心。

二〇一四　高雄氣爆事故造成居民驚恐不安，慈濟基金會於八月六日啟動「人人慈善‧安心關懷」行動，志工全面動員，逐戶進行訪視關懷，並致贈祝福禮，至十五日止，共走訪三十五個里、一萬八千六百三十二戶。

二〇一四 十一月八日，高雄岡山慈濟志業園區以「晨鐘起・薰法香」與拜願方式，舉辦九周年慶祝活動，志工及會眾共一百六十五人參加。

二〇一五 高雄慈濟志工與慈濟教師聯誼會老師於七月二十七至二十九日，在杉林慈濟大愛園區舉辦「兒童新芽夏令營」，為園區學童安排團康活動、原住民文化及靜思語教學等課程，共有三十七人參加。

二〇一五 九月十三日，慈濟屏東分會、高屏區慈濟人醫會第四次與內政部移民署、東港區漁會合作，舉辦「關懷外籍漁工健康檢查」，於東港區漁會大樓提供牙、眼、肝膽胃腸等科別診療及衛教，服務約一百名外籍漁工。

二〇一五 十二月二十六日，慈濟小港聯絡處首次在本年度啟用的會所，舉辦社區歲末祝福感恩會，三場次計逾千人共襄盛舉。

二〇一六 一月一日，慈濟人文志業中心舉辦慈濟五十周年暨大愛電視臺十八周年慶祝活動，由人文志業體職工與花蓮、臺中、高雄等地志工，透過視訊連線方式，接力演繹《無量義經・說法品》、《三十七助道品・四念處》，詮釋以科技傳法，淨化人心為目的的使命。

二〇一六 二月六日，慈濟基金會結合醫療志業體與雲嘉南慈濟人醫會醫護團隊，投入「〇二〇六高雄市美濃區地震」臺南重災區賑災行動，六至十三日於維冠金龍大樓附近的元大證券、大灣凌霄寶殿、天公廟、武龍宮等處設立醫療站，另於臺南市立殯儀館及臺南靜思堂機動看診，共服務鄉親近四百人次。

二〇一六　「〇二〇六高雄市美濃區地震」造成臺南市多人傷亡、多棟樓房毀損，慈濟基金會十至十三日啟動「安心家訪」關懷行動，全臺訪視志工投入探訪永康、玉井、安南、新化、歸仁等區受災戶，關心屋損情形，並送上證嚴上人慰問信及祝福金，共關懷一千四百四十四戶。

二〇一六　高雄慈濟人醫會為輕度認知障礙及失智症患者開設「記憶保養班」，為期兩個月的九次課程包含黏土捏塑、太鼓、繪畫及園藝等各種動靜態活動，三月五日於高雄靜思堂舉辦第一次課程。

二〇一七　三月四日，慈濟高雄鼓山聯絡處與高雄區慈濟人醫會合作，首次舉辦「老人憶能促進班」。

二〇一七　四月八日，高雄慈濟志工與榮董聯誼會團隊，於高雄市現代化綜合體育館（高雄巨蛋），舉行兩場「國際大愛・心蓮滿人間」祈福音樂會，邀約與會者一同關心敘利亞難民，逾二萬人參加。

二〇一七　十一月十一日，高雄岡山慈濟志業園區十一周年慶暨大愛環保科技館啟用，館中設有四臺縮小版機器，為參訪者展示回收寶特瓶從切片、再生塑膠聚酯粒、抽絲、織布的過程。

【慧炬引路】子藏系列001

# 爝火不息 高雄慈濟志工行經之路

作　　者／葉灑瀛、謝華美、蔡素秋、陳秀雲、楊蘭慧、胡青青、張晶玫、薛燕春、胡瑞珠(依篇目順序)
總 策 劃／何日生（慈濟基金會文史處）
出版統籌／賴睿伶（慈濟基金會文史處）
專案執行／林如萍、吳明勳、高芳英（慈濟基金會文史處）
企劃編輯／黃基淦（慈濟基金會文史處）
編 校 群／張晶玫、胡青青、胡瑞珠、陳秀雲、莊慧貞（慈濟基金會人文真善美志工）
圖資提供／慈濟基金會、慈濟高雄分會

---

發 行 人／王端正
總 編 輯／王志宏
叢書主編／蔡文村
叢書編輯／何祺婷
美術指導／邱宇陞
特約美編／林家琪
出 版 者／經典雜誌
　　　　　財團法人慈濟傳播人文志業基金會
地　　址／台北市北投區立德路二號
電　　話／（02）2898-9991
劃撥帳號／19924552
戶　　名／經典雜誌
製版印刷／禹利電子分色有限公司
經 銷 商／聯合發行股份有限公司
地　　址／新北市新店區寶橋路235巷6弄6號2樓
電　　話／（02）2917-8022
出版日期／2018年12月初版
定　　價／新台幣350元



ISBN 978-986-97169-0-1(平裝)
Printed in Taiwan

國家圖書館出版品預行編目(CIP)資料

爝火不息：高雄慈濟志工行經之路 / 張晶玫等著. -- 初版. – 臺北市 : 經典雜誌, 2018.11
面；　公分
ISBN 978-986-97169-0-1(平裝)
1.慈濟 2.志工 3.高雄 4.環保 5.高雄氣爆
547.16　　107020231